LA RÉVOLUTION.

—

LE RATIONALISME.

VIII.

PARIS — TYPOGRAPHIE DE HENRI PLON
IMPRIMEUR DE L'EMPEREUR
8, rue Garancière.

LA RÉVOLUTION,

RECHERCHES HISTORIQUES

SUR

L'ORIGINE ET LA PROPAGATION DU MAL EN EUROPE,

DEPUIS LA RENAISSANCE JUSQU'A NOS JOURS.

PAR

Mgr GAUME,

Protonotaire apostolique, vicaire général de Reims, de Montauban et d'Aquila, docteur en théologie, chevalier de l'ordre de Saint-Sylvestre membre de l'Académie de la religion catholique de Rome de l'Académie des sciences, arts et belles-lettres de Besançon, etc

Quæ enim seminaverit homo, hæc et metet (Galat. vi, 8.)

Ce que l'homme aura semé il le récoltera.

HUITIÈME LIVRAISON

LE RATIONALISME.

PARIS
GAUME FRÈRES,
ÉDITEURS,
4 RUE CASSETTE

BRUXELLES.
H. GOEMAERE
IMPRIMEUR-LIBRAIRE,
RUE DE LA MONTAGNE, 52

1857

AVANT-PROPOS.

Le Césarisme, d'une part; le Protestantisme de l'autre : tels furent, nous a-t-on dit, les deux éléments dont la réunion forma le Voltairianisme, c'est-à-dire l'esprit antisocial et antireligieux du dix-huitième siècle. Nous avons accepté cette réponse, et l'avons discutée dans les deux livraisons précédentes. Or, l'histoire, parlant d'après les monuments originaux, nous a montré le Césarisme et le Protestantisme sortant de la Renaissance et des études de collége. Elle nous a montré de plus qu'ils ne sont l'un et l'autre que le libre Penser ou le Rationalisme, appliqué à la société et à la religion.

Pour compléter la généalogie du mal dans les temps modernes, il reste à montrer d'où est venu le Rationalisme lui-même. Tel est l'objet de cette huitième livraison. La démonstration du point capital que nous avons à établir sera irréprochable, si nous parvenons à prouver les trois propositions suivantes :

1° Avant la Renaissance il n'y avait point de Rationalistes en Europe;

2° Depuis la Renaissance on en trouve partout et en grand nombre;

3° C'est la Renaissance qui les a produits, et produits aussi naturellement que l'arbre produit son fruit.

A mesure que nous avançons dans notre travail d'investigation, l'intérêt grandit, parce que les questions deviennent de plus en plus fondamentales, et que nous approchons de la solution dernière. Ainsi le voyageur à la recherche de la source inconnue d'un fleuve sent, à mesure qu'il avance, sa curiosité devenir plus vive et ses émotions plus profondes. Depuis trois siècles, toute la scène historique de l'Europe, si dramatique, si mouvementée, est remplie par LA LUTTE DE L'ÉGLISE, QUI EST LA RAISON DIVINE, CONTRE LA RAISON D'ÉTAT ET LA RAISON INDIVIDUELLE : et ces deux forces, c'est au paganisme classique qu'elles ont emprunté l'esprit, le langage et le costume de tous les rôles qu'elles ont joués. Ce spectacle est déjà, ce nous semble, d'un effrayant intérêt; mais sous le masque de ces deux puissances redoutables se cache le principe plus redoutable encore qui les anime, et qui tend à reconstituer au sein de l'Europe chrétienne le CULTE DE LA RAISON ET L'ÉTAT PONTIFE ET ROI des cités antiques.

Ce principe, nous allons essayer de le dévoiler; alors les moins clairvoyants verront la source du torrent qui envahit l'Europe. Nous aurons la synthèse de l'époque moderne, à coup sûr une des plus solennelles de l'histoire; et avec le secret des événements accomplis, nous posséderons la clef des grands problèmes qui s'agitent sous nos yeux. En rapportant tout au Rationalisme et à la Renaissance dont il est le fils aîné, par conséquent au Paganisme revenu triomphant au sein de l'Europe, nous avons, disons-nous, la formule qui explique les quatre derniers siècles. Une donnée qui suffit, et qui suffit seule pour expliquer tout un ordre de phénomènes, est, à juste titre, regardée comme un bon principe de solution. Ainsi, dans l'ordre physique, la loi de l'attraction qui explique d'une manière satisfaisante et qui explique seule les phénomènes du système planétaire, est admise comme un vrai principe de solution; et jusqu'à ce qu'une loi nouvelle plus claire et plus complète vienne la supplanter, la loi de l'attraction demeure la base et la boussole de la science.

Il en est de même dans l'ordre moral. Si on présente un principe, un fait au moyen duquel on rend compte d'une manière satisfaisante de toute l'histoire d'une époque, et sans lequel on ne peut en rendre compte, nous disons que ce fait, ce principe, est un bon moyen de solution, et qu'il doit être tenu pour tel, jusqu'à ce qu'il soit évincé par un principe plus vrai, par une loi plus complète. Or, ni la Révolution française, ni le Voltairianisme, ni le Césarisme, ni le Protestantisme, ne suffisent à expliquer le mal actuel : c'est un fait désormais acquis à l'histoire. Au contraire, le Rationalisme et la Renaissance, c'est-à-dire le Paganisme dans ses manifestations multiples, y suffit, et y suffit seul [1].

Si, comme nous osons l'espérer, la vérité de cette formule ressort avec éclat des *livraisons* qui précèdent et de celles qui suivront, les grandes questions religieuses et sociales de notre temps seront bien simplifiées; le remède au mal indiqué; et, ce qui nous paraît d'une importance capitale, la lutte orientée dans toute l'Europe : car il sera démontré que LE DUEL EST AUJOURD'HUI ENTRE LE PAGANISME ET LE CATHOLICISME.

Avant de terminer cet avant-propos, rappelons quelques faits accomplis depuis notre dernière publication; ces faits donnent un nouvel appui à la grande et sainte cause dont le succès ou la perte décidera infailliblement de l'avenir. « Que l'Europe y prenne garde, disions-nous dès le commencement, la Révolution n'est ni morte ni convertie. » Depuis cette époque, non-seulement elle révèle son existence par des signes éclatants, mais encore elle continue sa marche envahissante. Partout elle se montre ce

[1] On trouvera dans la 9e livraison l'explication et le véritable sens de cette proposition.

qu'elle fut, ce qu'elle sera toujours, la négation armée de tout ordre religieux et social qu'elle n'a pas établi.

En Espagne, à l'heure même où nous écrivons, la seule proposition de rendre au clergé, par elle dépouillé de ses biens et de ses prérogatives, le droit sacré qui lui appartient sur l'éducation, lui fait soulever des tempêtes. Elle triomphe audacieusement en Suisse, par le traité de Neufchâtel; en Belgique, par l'émeute, avec le laisser passer des gouvernements; en France, elle multiplie les tentatives de régicide et organise des complots dont les tribunaux viennent de révéler, trois fois en deux ans, le sanglant caractère. A Naples, elle frappe le roi dont elle avait mis la tête à prix; à Turin, devenu sa forteresse, elle glorifie ses Brutus en attendant qu'elle puisse, comme en 93, leur élever des autels. Partout elle embauche des recrues, discipline ses soldats, échange ses mots d'ordre. On ne peut se le dissimuler, une armée de barbares nous environne; le sol est miné; de sinistres nuages assombrissent l'horizon : l'Europe a peur de quelqu'un ou de quelque chose. Le mal est dans les âmes, mais un mal profond, endémique, universel. Qui se recueille devant Dieu pour en pénétrer la vraie cause?... qui en applique le remède?... Les rois font de la force; la Bourse spécule, la société danse: endormeur ou endormi, on dirait que le monde arrive aux jours de Noé. *Sicut autem erant in diebus (Noe) ante diluvium comedentes et bibentes, nubentes et nuptui tradentes... et non cognoverunt donec venit diluvium, et tulit omnes..... ita erit et adventus Filii hominis.* Matth. XXIV. 38.

LE
RATIONALISME.

CHAPITRE PREMIER.

LE RATIONALISME EN LUI-MÊME.

Le Rationalisme, grand danger de notre époque. — Comme la Révolution dont il est l'âme, il est destruction et reconstruction. — Tableau. — Trois degrés dans l'erreur : l'hérésie, le scepticisme, le Rationalisme. — Définitions. — Le Rationalisme en lui-même. — Dans l'ordre religieux. — Dans l'ordre social. — Dans l'ordre philosophique. — Dans les faits. — Deux manifestations matérielles du Rationalisme : l'antiquité païenne et la Révolution française.

S'il n'y a pas de société sans croyances, nous demandons ce qu'il faut penser de la société actuelle, de ses chances de bonheur et d'avenir? Qui dit croyances, dit quelque chose de certain, d'immuable, au-dessus de toute discussion, et qui s'impose comme une loi sainte et sacrée à toutes les intelligences pour les diriger, à toutes les volontés pour les régir d'une manière uniforme. Qui dit croyances, dit une autorité supérieure à l'homme, qui parle à l'homme, et dont la parole, loi et vérité tout ensemble, est tenue pour telle, obéie comme telle.

Or, où sont aujourd'hui les croyances générales de l'Europe, en religion, en politique, en philosophie? Quel est le nombre de leurs disciples? quel serait au besoin celui de leurs martyrs? Connaissez-vous la foi des nations comme nations? A quoi se réduit le symbole de la plupart des hommes dans les classes instruites en France, en Angleterre, en Allemagne, en Espagne, en Italie, partout? quel est leur décalogue? Comptez, s'il se peut, le nombre des sectes philosophiques qui fractionnent le monde savant : moins nombreuses et moins promptes à se succéder sont les feuilles des arbres, moins opposés sont le jour et la nuit. Où en est la foi politique? Ce qu'il y a de commun entre tous les partis ne pourrait-il pas s'écrire sur l'ongle du pouce?

Il faut plaindre cette génération plus encore que l'accuser. Comment vivre dans une atmosphère corrompue et conserver une santé robuste? Quelle est l'atmosphère de l'Europe? Le doute sous toutes les formes; le doute s'attaquant à tout, corrodant tout, et se manifestant, au sein même des nations catholiques, par des blasphèmes tels que le Protestantisme, comme protestantisme, n'en proféra jamais. C'est après dix-huit siècles de Christianisme que l'Europe entend, et entend sans pâlir, sans courir ni aux armes ni aux autels, des paroles comme celles-ci : « Dieu n'est qu'un mot; Dieu c'est le mal; la propriété c'est le vol; la société c'est l'anarchie; l'autorité, la tyrannie; l'Évangile, un mythe; le Christianisme, une œuvre humaine, un système usé; Jésus-Christ, un homme; l'âme, une chimère; le ciel, un rêve; l'enfer, une fable; la vérité et l'erreur, des choses variables avec les siècles et les climats; le bien et le mal, des êtres de convention; la pudeur, la bonne foi, l'amitié, le dévouement, les préjugés des sots au profit des fripons; la conscience publique, une fiction; les crimes les plus noirs, le suicide, le régicide, des actions héroïques. »

Par les livres, par l'éducation, par les théâtres, par les journaux, par les arts, par les chants populaires, par les habitudes sociales, ce doute, comme un terrible bélier, frappe à coups redoublés contre les fondements de la religion, de la société, de la famille, de la propriété même. Tel est le mal qui saisit d'inquiétude tout homme qui veut se donner la peine de réfléchir; le mal que ne cesse de signaler la voix des Souverains Pontifes[1], et dont les progrès continuels menacent le monde de quelque cataclysme inconnu dans le passé, s'ils n'annoncent pas les temps divinement prédits, où il restera à peine quelques étincelles de foi sur la terre.

[1] Voir entre autres l'*Encyclique* de 1846.

Sur les ruines qu'il amoncelle, le doute a la prétention de reconstruire une religion, une société à son image, dont la raison sera la déesse et la reine. Écoutons ses organes : « Les doctrines qui doivent présider à notre vie morale, religieuse, politique, littéraire, *c'est à nous de les faire;* car nos pères ne nous en ont légué que de stériles et d'usées... Il faut donc en *forger* de nouvelles. Cette nécessité de notre époque est comprise ou plutôt sentie de tous les esprits[1]. » Où prendront-ils les éléments de leur travail, ces nouveaux architectes de Babel? — Voici leur réponse; pour le fond comme pour la forme elle est digne de leur génie. « Il y a quatre choses, dit l'un d'eux, que je déteste également : le tabac et les cloches, les punaises et le Christianisme[2]. » Un autre : « Je prouverai que le catéchisme *abêtit* l'enfance; je prouverai ensuite qu'il la corrompt[3]. » Celui-ci : « Toutes les *idées fausses* qui sont dans le monde en fait de morale et d'esthétique sont venues du Christianisme[4]. »

Le Christianisme écarté, dans quel fonds puiseront-ils? Dans la raison. « Il faut, disent-ils, que la raison s'établisse enfin souveraine dans son domaine... Son tour est venu d'organiser la société et de gouverner l'État. La raison et la liberté remplacent les dieux

[1] *Globe*, n° 56. — [2] Gœthe. — [3] Jacques, dans la *Liberté de penser*. — [4] Feuerbach, *id.*, n° du 20 novembre 1850.

déchus du Christianisme. Il n'y a plus d'autre culte, d'autre religion que la religion de la raison et le culte de la liberté[1]. » Quant à la morale, elle est toute faite, c'est la morale de Socrate. « La morale de Socrate, ajoutent-ils, est la morale humaine par excellence, la morale de ce monde et de cette vie; la morale de l'Évangile est la morale surhumaine, la morale de l'autre monde et de l'autre vie. L'une a pour but la vertu laïque, l'autre la perfection mystique. L'une fait des hommes, l'autre fait des saints. Or, est-il écrit que tous les hommes sont des vases d'élection? Il faut avoir le nécessaire avant de chercher le superflu[2]. » C'est mot pour mot le langage de leurs aïeux de 93.

Voilà, dans sa double tâche de *destruction* et de *reconstruction*, le mal qui enveloppe le monde actuel et qui le pénètre de part en part. Il s'appelle le Rationalisme. Quelle est sa nature? quelle est son origine? quelle est l'époque de son apparition au milieu des nations chrétiennes? Nous allons essayer de répondre.

La soumission de la raison de l'homme à la raison de Dieu par la foi est l'état normal de l'humanité. Que cette loi salutaire soit fidèlement accomplie, et l'ordre règne dans le monde, parce qu'il règne dans

[1] Jacques, *Liberté de penser*, n° du 20 novembre 1850. — [2] Alloury, dans les *Débats*, 25 avril 1852.

l'individu. A cet état de santé intellectuelle sont opposées trois maladies principales : *l'Hérésie, le Scepticisme* et *le Rationalisme*. Ces trois maladies marquent les différents degrés par lesquels l'homme, en s'éloignant de Dieu, arrive au suicide de sa raison, au néant de la pensée et au bouleversement de l'ordre universel[1]. Entre elles il y a de grandes différences. L'hérétique est une raison humaine en révolte obstinée contre la raison divine sur un ou plusieurs points clairement définis par l'Église. Tout en refusant de se soumettre à quelques vérités, l'hérétique courbe encore le front devant un grand nombre d'autres. Inconséquent avec lui-même, il admet et rejette tour à tour l'autorité de Dieu, tandis que pour être conséquent il devrait ou tout nier ou tout admettre, attendu que c'est la même autorité qui parle. L'hérétique est sur la voie du Scepticisme et du Rationalisme; mais il s'arrête à l'entrée.

Le sceptique est une raison humaine en révolte contre la raison divine sur tous les points, et qui par un juste châtiment est tombée dans le doute universel : espèce de marasme intellectuel où l'homme a des yeux et ne voit plus, des oreilles et n'entend

[1] Dans l'admirable chapitre des Soliloques intitulé : *Ce que c'est que devenir néant, quid sit nihil fieri*, saint Augustin explique avec sa lucidité ordinaire ce funeste travail de l'anéantissement de l'homme par lui-même.

plus. C'est l'extrême limite qui sépare l'homme raisonnable de la brute.

Le rationaliste est une raison en révolte absolue, universelle contre la raison divine et même contre toute raison, et de plus en adoration devant elle-même. L'hérétique a encore foi en quelque chose, le sceptique n'a foi en rien, pas même en lui; la foi qu'il refuse à Dieu, le rationaliste la place en lui-même. Si le Scepticisme est faiblesse, le Rationalisme est orgueil. Le sceptique méprise la raison, le ration iste l'adore.

Ainsi, le Rationalisme n'est pas seulement un manque de foi en Dieu, mais *une foi opposée en l'homme*. Par le Rationalisme l'homme chasse Dieu du trône de son intelligence, pour s'y mettre lui-même; en un mot, le Rationalisme est la déification de la raison, qui, prenant la place du vrai Dieu, s'en attribue toutes les prérogatives, et prétend en exercer tous les droits.

Dans l'ordre religieux, le rationaliste soutient qu'il n'a pas besoin de la révélation, vu que sa raison suffit; qu'il n'a pas besoin de la grâce de Dieu, attendu que sa volonté est assez forte; enfin, qu'il n'a pas besoin de l'expiation par le sang de Jésus-Christ, parce que sa vertu est assez pure pour ne pas recevoir de Dieu ce qu'elle possède par elle-même; et le rationaliste aboutit au *Naturalisme païen*.

Dans l'ordre social, le rationaliste ne reconnaît aucune autorité que la sienne; il prétend que l'homme suffit pour fonder les sociétés, pour les conserver et les régir; que c'est à lui d'en marquer le but et de donner les moyens de l'atteindre; que nul n'a le droit de s'opposer à sa volonté souveraine, et que cetté volonté, source du vrai et règle du droit, est infaillible et doit être tenue pour telle : et le rationaliste aboutit au *Césarisme païen.*

Dans l'ordre philosophique, le rationaliste n'admet aucune vérité à moins qu'elle ne convienne à sa raison, au tribunal de laquelle tout enseignement, toute doctrine doit comparaître pour être jugée, accueillie ou rejetée en dernier ressort; en sorte que c'est sa raison qui fait la vérité et qui prétend trouver en elle-même la dernière raison des choses: par le chemin de l'éclectisme, le rationaliste aboutit à l'*Apothéose païenne de la raison.*

Comme on voit, le Rationalisme est le dernier terme où la révolte de l'homme contre Dieu puisse arriver. Lorsqu'elle passe dans les faits, cette révolte devient la *Révolution* proprement dite, la mise en haut de ce qui doit être mis en bas, et la mise en bas de tout ce qui doit être en haut. Sa manifestation suprême est l'abolition du culte de Dieu et l'établissement du culte de l'homme dans sa raison et dans sa chair. Le Rationalisme est donc l'homme déchu, l'homme de péché s'élevant au-dessus de toute autorité, de toute tradition religieuse et sociale, se faisant adorer et s'adorant lui-même. Depuis l'origine du monde ce phénomène monstrueux ne s'est vu que deux fois dans sa manifestation plastique : la première dans l'antiquité païenne, la seconde pendant la révolution française. Ajoutons que l'antiquité païenne s'est perpétuée jusqu'à nos jours, chez tous les peuples où le culte de Dieu n'a pas été rétabli par le Christianisme, et que cette antiquité fait, depuis la Renaissance, de persévérants efforts pour se rétablir au sein même des nations chrétiennes avec le double culte de la raison et de la chair. C'est ici une des preuves les plus éclatantes du retour du même principe, et de son influence identique à des époques si éloignées l'une de l'autre.

Comment, après dix-huit siècles de foi, ce principe est-il revenu en Europe? Comment l'homme de péché, l'homme s'élevant au-dessus de tout ce qui est Dieu pour ne reconnaître d'autre Dieu que lui; comment cet homme gréco-romain, frappé à mort et enseveli par le Christianisme, est-il tout à coup sorti de son tombeau, plein de rancune et altéré de vengeance? Qui a réchauffé ses cendres? qui lui a rendu la vie? qui l'a fait grandir au point où il est devenu un géant qui menace le Christianisme, le harcèle, le combat sans relâche, le tient partout en échec, et se flatte dans un prochain avenir d'un triomphe éclatant? Telles sont les graves questions que nous avons à examiner.

CHAPITRE II.

LE RATIONALISME ET LA RENAISSANCE.

Origine historique du Rationalisme : témoignages des protestants et des philosophes. — Thomasius. — Spizélius. — Bayle. — Voltaire. — Tous les rationalistes.

Un ancien auteur protestant, Thomasius, faisant la généalogie des Rationalistes, qu'il appelle *athées* ou *athéistes*, écrit ces paroles remarquables : « L'histoire, dit-il, présente un fait bien étrange. Depuis la destruction du Paganisme par l'Évangile, on n'avait point vu d'athées en Europe. IL FAUT VENIR AU QUINZIÈME SIÈCLE POUR EN RENCONTRER. En revenant dans le monde, l'ancien Paganisme a produit ses fruits, et l'on a vu reparaître non-seulement des athées, mais une vaste école d'athéisme; et cette école s'est trouvée au centre même de la catholicité, en Italie. Elle a eu pour fondateurs et pour disciples des hommes épris de l'amour de la belle antiquité, qui ont ressuscité d'anciennes erreurs bannies depuis des siècles du monde chrétien[1].... »

Spizélius, autre protestant antérieur à Thomasius, signale le même fait. « Qui oserait nier, dit-il, que c'est la Renaissance des lettres en Italie, au quinzième siècle, qui a réchauffé, cultivé, commenté, les anciens systèmes de Lucrèce, d'Épicure, d'Horace et des autres, de même qu'elle a ressuscité la philosophie grecque, la médecine et les mathématiques; que c'est alors qu'un grand nombre de professeurs, en enseignant ces hautes sciences, ONT ABREUVÉ LA JEUNESSE DU POISON DE L'ATHÉISME, SOUS LE PRÉTEXTE DE L'AUTORITÉ DES ANCIENS[2]? » De là tant de traités en faveur de l'immortalité de l'âme publiés alors en Italie; de là, le décret du concile de Latran, présidé par Léon X, et dont nous parlerons plus tard.

[1] « Neque rursum (atheismus) caput efferre potuit ante ultimum quod effluxit seculum, et primum Italiam invasit... Cum igitur, post diuturnam multorum seculorum barbariem, bonæ litteræ a viris quibusdam cordatis revocari cœperunt, quidam flagitiosa quædam et impia dogmata secreto et e gurgitiis aussi sunt murmurare... » Jac. Thomasii. *Hist. atheism. brevit. delineata.* In-12, édit. 1723, p. 144.

[2] Quis etiam facile inficias ire poterit, renascentibus in Italia bonis litteris, antiqua quoque Lucretica, Epicurea, Horatiana, etc., recocta, excculta, adaucta, quemadmodum ressuscitata philosophia græca, nec non medicina et mathesi, nonnulli earum professores cum nobilissimis illis disciplinis atheismos suos imperitis, prætextu authoritatis antiquorum, propinarunt, etc.? — Spizel. *Scrutinium atheismi.* In-12. August. Vindelicor. 1663, p. 22.

Bayle n'est pas moins explicite. « On se plaint, dit-il, du grand nombre d'athéistes ou gens qui n'ont aucune religion. Cette plainte a surtout paru DEPUIS QUE LES BELLES-LETTRES FURENT RÉTABLIES DANS L'OCCIDENT, APRÈS LA PRISE DE CONSTANTINOPLE. Elle paraît dans les ouvrages qui ont été publiés en assez grand nombre pour prouver ou la vérité de la religion chrétienne ou l'existence de Dieu. Le monde, la cour et les armées, a-t-on dit dans un dialogue imprimé en 1681 [1], sont pleins de déistes, de gens qui croient que toutes les religions sont des inventions de l'esprit humain. Ces esprits téméraires doutent de tout. Ils sont armés de difficultés contre les livres du Vieux et du Nouveau Testament, pour ne pas être obligés de croire que ces livres soient des auteurs dont ils portent le nom. De là vient qu'aujourd'hui ceux qui se piquent de quelque capacité pour écrire se sont mis en tête de défendre la religion chrétienne contre les incrédules : *tous les travaux tournent de ce côté-là* [2]. »

Depuis Bayle jusqu'à nous ils continuent de tourner du même côté. Cette direction des forces catholiques commence à la Renaissance : à partir de cette époque, on voit l'Europe inondée d'apologies de la religion. Que signifie cette tactique nouvelle, sinon

[1] Jurieu, *Politique du clergé*, p. 85. — [2] *Pensées diverses sur les comètes*, in-fol., p. 210.

que le Christianisme, qui jusqu'à la Renaissance tenait l'offensive, a été obligé de prendre la défensive? Que signifie la défense sur toute la ligne, sinon que l'attaque a lieu sur toute la ligne? Qui attaque le Christianisme sur toute la ligne? Ce n'est ni le schisme, ni l'hérésie, mais le Rationalisme seul, c'est-à-dire la raison déifiée de nouveau comme dans l'antiquité païenne. Ce fait trop peu remarqué, Bayle a raison de le signaler, car il est décisif pour orienter la lutte actuelle.

« Les incrédules, ajoute-t-il, sont très-nombreux. Les voyageurs en découvrent presque partout, principalement dans les pays de liberté et OU LES LETTRES FLEURISSENT LE PLUS. Que si, sans répéter tous les exemples que j'ai déjà rapportés, je vous nomme seulement quelques-uns des modernes que l'on accuse d'athéisme, un Averrhoès, un Calderino, un Politien, un Pomponace, un Paul Bembo, un Cardan, un Césalpin, un Taurelle, un Crémonius, un Bérizard, un Viviani, pourrez-vous, avec le P. Rapin, croire qu'il n'y a qu'un petit auteur de madrigal, qu'un débauché, qu'un courtisan, qu'une femme galante qui soient susceptibles d'irréligion? Peut-on caractériser ainsi les philosophes, les médecins, LES HUMANISTES LES PLUS CÉLÈBRES [1]? »

Dans un autre ouvrage, Bayle insiste sur ce fait

[1] *Pensées diverses sur les comètes*, in-fol., p. 210.

caractéristique des temps modernes, et devient, s'il est possible, plus explicite encore. Cet homme, auquel on ne peut refuser d'avoir bien connu l'esprit et les tendances de l'Europe contemporaine, s'exprime ainsi : « Vous ne sauriez ôter de l'esprit d'une infinité de gens.... que les mêmes hommes qui ont dissipé dans notre siècle les ténèbres que les scolastiques avaient répandues par toute l'Europe [1] n'aient MULTIPLIÉ LES ESPRITS FORTS, ET OUVERT LA PORTE A L'ATHÉISME ET AU PYRRHONISME, OU A LA MÉCRÉANCE DES PLUS GRANDS MYSTÈRES DES CHRÉTIENS. Mais ce n'est pas seulement à l'étude de la philosophie que l'on impute l'irréligion, c'est aussi à celle des belles-lettres ; car on prétend que l'athéisme n'a commencé à se faire voir en France que sous le règne de François Ier, et qu'il commença de paraître en Italie lorsque les humanistes y refleurirent... JE NE TROUVE PAS D'ATHÉES CHEZ NOUS AVANT LE RÈGNE DE FRANÇOIS Ier, NI EN ITALIE QU'APRÈS LA DERNIÈRE PRISE DE CONSTANTINOPLE, lorsque Argyropule, Théodore de Gaza, Georges de Trébizonde, avec les plus célèbres hommes de la Grèce, se retirèrent auprès du duc de Florence. Ce qu'il y a de certain, c'est que LA PLUPART des beaux esprits et des savants humanistes qui brillèrent en Italie lorsque les belles-

[1] Voilà bien le fils de la Renaissance ; son témoignage n'en est que meilleur.

lettres commencèrent à renaître, après la prise de Constantinople, N'AVAIENT GUÈRE DE RELIGION [1]. »

A ces témoignages non suspects, ajoutons celui de Voltaire, en nous rappelant que personne mieux que les Philosophes, les Protestants et les Rationalistes, ne connaît la généalogie du libre Penser. « Au quinzième siècle, dit-il, les théistes ou déicoles, PLUS ATTACHÉS A PLATON QU'A JÉSUS-CHRIST, plus philosophes que chrétiens, rejetèrent témérairement la Révélation.... Ils étaient répandus dans toute l'Europe, et se sont multipliés depuis en un excès prodigieux. C'est la seule religion sur la terre qui ait été *la plus plausible*. Composée originairement de philosophes qui se sont tous égarés d'une manière uniforme, passant ensuite dans l'ordre mitoyen de ceux qui vivent dans le loisir attaché à une fortune bornée, elle est montée depuis chez les grands de tous les pays, et elle a rarement descendu chez le peuple [2]. »

« A LA MÊME ÉPOQUE, continue l'historiographe du Rationalisme, UN ATHÉISME FUNESTE, QUI EST LE CONTRAIRE DU THÉISME, NAQUIT ENCORE DANS PRESQUE TOUTE L'EUROPE... ON PRÉTEND QU'ALORS IL Y AVAIT PLUS D'ATHÉES EN ITALIE QU'AILLEURS. Cette espèce d'athéisme osa se montrer presque ouvertement en Italie vers le

[1] *Dict.*, art. Takidjin. — [2] *Essai sur les mœurs*, t. II, p. 301, 302. — Édition Beuchot.

seizième siècle. Quant aux philosophes qui nient l'existence d'un Être suprême, ou n'admettent qu'un Dieu indifférent aux actions des hommes et ne punissant le crime que par ses suites naturelles, la crainte et le remords; quant aux sceptiques qui, laissant à l'écart ces questions *insolubles*, se sont bornés à enseigner une morale naturelle, ILS ONT ÉTÉ TRÈS-COMMUNS DANS LA GRÈCE, DANS ROME, ET ILS COMMENCENT A LE DEVENIR PARMI NOUS [1]. »

Il nous semble impossible d'écrire avec plus de précision la généalogie du Rationalisme, ou, comme parle Voltaire, de la *religion plausible*. Inconnu en Europe avant l'arrivée des Grecs de Constantinople, il naît de l'étude des philosophes païens, remis en honneur par la Renaissance. Des savants, qu'il envahit les premiers, il s'étend comme la tache d'huile aux lettrés oisifs; de ceux-ci aux nobles et aux grands, jaloux de passer pour des esprits forts, et finit par devenir la religion des générations de collége. Une seule classe échappe à la contagion, le peuple, que l'éducation ne met pas en contact avec le Paganisme antique. Au sein des nations modernes, le Rationalisme produit les mêmes fruits que dans l'antiquité grecque et romaine: l'athéisme, le déisme, le naturalisme, le sensualisme; puis le cahos intellectuel, l'ébranlement général de l'ordre religieux et

[1] *Essai sur les mœurs*, t. II, p. 301, 302. — Édit. Beuchot.

social avec les révolutions, les crimes et les calamités qui en sont l'inévitable suite.

Aux témoignages que nous venons de rapporter, rien ne serait plus facile que d'en ajouter une foule d'autres, non moins explicites et venus du même camp. Rousseau, Condorcet, d'Alembert, Helvétius, Mably, Luther, Gentillet, Saint-Just, Camille Desmoulins, et tous ceux que nous avons cités dans les précédentes livraisons de cet ouvrage, parlent comme Bayle, Voltaire, Thomasius. C'est donc un fait acquis à l'histoire que les Philosophes, les Protestants, les Révolutionnaires, sont unanimes à faire honneur à la Renaissance de ce qu'ils appellent l'*émancipation de la pensée;* que tous proclament, non pas le seizième siècle, le siècle du Protestantisme théologique, mais le quinzième siècle, le siècle du Protestantisme philosophique et littéraire, comme l'époque immortelle où, suivant l'expression de Brucker, *fut rompu le licou qui attachait la raison à la foi, la philosophie à l'autorité;* et qu'il n'en est aucun qui ne salue Florence et l'Italie comme le berceau de cette glorieuse révolution. Voilà ce que le Rationalisme lui-même nous dit de son origine. Comme personne mieux que lui ne connaît sa descendance, nous tenons son témoignage pour vrai, jusqu'à ce que les contradicteurs aient démontré qu'il est faux, et le prenons pour point de départ.

Or, ce témoignage affirme trois choses : 1° que le Rationalisme était inconnu en Europe avant la Renaissance ; 2° qu'il a fait son apparition au quinzième siècle; 3° qu'il a été apporté en Italie par les Grecs chassés de Constantinople. Nous pourrions nous en tenir là. Toutefois, dans la crainte que le témoignage même du Rationalisme ne paraisse insuffisant ou suspect, nous allons le soumettre au contrôle de l'histoire. Dans une question de telle importance, aucun moyen d'arriver à la certitude ne doit être négligé.

Ainsi, est-il vrai historiquement, et en dehors des témoignages que nous venons de citer, que les rationalistes étaient inconnus en Europe avant la Renaissance?

Est-il vrai que depuis cette époque ils ont foisonné dans tous les pays de l'Occident?

Est-il vrai qu'ils sont nés du commerce des peuples chrétiens avec l'antiquité païenne, remise en honneur par les Grecs venus de Constantinople?

Les chapitres suivants vont répondre à cette triple question.

CHAPITRE III.

LE RATIONALISME AVANT LA RENAISSANCE.

Vraie origine du Rationalisme. — Son règne dans l'antiquité. — Abolition de ce règne par l'Évangile. — Tentatives de Rationalisme au moyen âge. — Scot Érigène. — Abailard. — Amauri de Bène. — David de Dinant. — Raymond Lulle. — Aucun de ces philosophes ne fut un vrai Rationaliste. — Le moyen âge, l'antipode du Rationalisme. — Avant la Renaissance point de Rationalisme en Europe.

Le Rationalisme étant l'adoration que l'intelligence créée se décerne à elle-même, le premier rationaliste fut celui qui, jusque dans le ciel, osa dire : « Je m'élèverai, je placerai mon trône sur les hauteurs, je serai semblable à Dieu; » et qui, sur la terre, dit aux pères du genre humain : « Désobéissez, et vous serez comme des dieux. » D'une part, l'action incessante de l'ange rebelle sur l'homme devenu son esclave; d'autre part, la transmission par voie de génération du virus satanique déposé dans les chefs de la race humaine, ont entretenu de siècle en siècle, au sein de l'humanité, le germe fatal du Rationalisme. Après un long et lamentable triomphe dans l'antiquité païenne, nous le voyons terrassé par le Christianisme, et, jusqu'à l'époque de la Renaissance, enchaîné dans toute l'Europe baptisée.

Voulons-nous dire par là qu'il n'y eut dans le cours du moyen âge aucune tentative de révolte intellectuelle, aucune velléité de Rationalisme? Nullement. L'histoire en signale même un assez grand nombre. Mais le Rationalisme à cette époque, et le Rationalisme après la Renaissance, diffèrent entre eux comme le gland diffère du chêne, le ruisseau du fleuve, un fait particulier et passager d'un fait général et permanent, une erreur maudite d'un système applaudi.

Dès le neuvième siècle, Jean Scot, maître d'école du palais de Charles le Chauve, essaye de ressusciter quelques principes du Rationalisme païen, enseveli depuis longtemps dans la tombe oubliée des philosophes de Rome et de la Grèce. Dans son livre *De divisione naturæ,* attribuant à la raison une puissance et des droits qu'elle n'a pas, il l'autorise à sonder et même à expliquer à sa manière les plus profonds mystères. Mais, à la différence des Rationalistes purs, des Rationalistes de nos jours, Scot courbe encore la tête sous les principaux dogmes catholiques. C'est ainsi qu'il admet le mystère de la sainte Trinité et la divinité de la Bible, tout en professant une sorte de panthéisme indien. Au milieu de ce mélange de vérités et d'erreurs, il est assez difficile de démêler quel était le principe fondamental de sa philosophie, et dans quelles limites il en faisait l'application. On est fondé à regarder Scot bien plus comme un hérétique précurseur de Luther, que comme un vrai Rationaliste, légitime aïeul des Rationalistes modernes.

Quoi qu'il en soit, il est très-remarquable que c'est à l'école des auteurs païens que Scot avait puisé et son principe philosophique et ses erreurs. Avant d'arriver à la cour de France, il avait beaucoup voyagé, savait le grec, et s'était passionné pour Aristote, dont il appliqua la méthode syllogistique à l'étude de la religion. « Il ne faut pas s'étonner, dit l'auteur de sa vie, de ce qu'ont remarqué plusieurs hommes doctes, que la philosophie de Scot était tout à fait semblable à celle des Indiens. Car ce ne serait pas une chose nouvelle ni surprenante que Scot et les auteurs de ces philosophies eussent produit d'eux-mêmes, et chacun de son côté, leurs œufs et leurs poulets. Nous savons d'ailleurs que les philosophes Aristote et Platon, *que Scot a pris pour guides et pour maîtres,* avaient pillé le plus souvent les trésors des philosophes indiens [1]. »

Il va de soi que le livre de Scot souleva l'indignation générale et qu'il fut frappé par la science de l'époque d'une réprobation solennelle : différence

[1] *Vita*, etc., dans les *Œuvres* de Scot, p. 15.

caractéristique entre le moyen âge et les temps actuels [1].

Au douzième siècle, on trouve Abailard, l'esprit peut-être le plus indépendant des âges de foi. Enivré des louanges qu'on donne de toutes parts à la pénétration de son génie, le jeune et brillant professeur se croit en état d'expliquer et de faire comprendre aux autres les plus sublimes mystères. Mais jamais il ne dit, comme les Rationalistes actuels qui osent le revendiquer pour un de leurs ancêtres : « En matière de croyances philosophiques et religieuses, la raison de chaque homme est l'autorité suprême. » Toutefois, de la plume et de la bouche d'Abailard tombent de graves erreurs : saint Bernard les réfute, deux conciles les condamnent. La douleur d'Abailard, sa honte, son désespoir, traduisent mieux que tous les discours sa foi au principe d'autorité ; d'une manière plus certaine encore et plus consolante, sa conversion la rend authentique. Abailard rétracte toutes ses erreurs, fait sa paix avec saint Bernard, se retire du monde et demande au souverain pontife la permission de passer le reste de ses jours dans l'abbaye de Cluni. Le pape y consent, et Abailard, tout entier à la prière et à la pénitence, fait jusqu'à sa mort l'édification de la pieuse communauté.

[1] Voir *Annales de phil. chrét.*, août 1855, p. 120 et suiv.

Voici le glorieux témoignage que lui rend Pierre le Vénérable, supérieur de Cluni. Quel est celui de nos Rationalistes qui se montre jaloux de le mériter? « Je ne me souviens pas, dit-il, d'avoir vu son semblable en humilité. Il lisait continuellement, priait souvent, gardait un perpétuel silence, si ce n'est quand il était forcé de parler, ou dans les conférences qu'il faisait à la communauté. Comme il était tout entier à ses lectures et à ses exercices de piété, il fut attaqué d'une maladie qui le réduisit bientôt à l'extrémité. Tous les religieux sont témoins avec quelle dévotion il fit alors, premièrement, sa confession de foi, puis celle de ses péchés, et avec quelle sainte avidité il reçut le viatique du Seigneur [1]. »

Entre le fils qui, dans l'emportement de la passion, désobéit à son père sans cesser pour cela de reconnaître les droits de l'autorité paternelle; puis, rentré en lui-même, expie sa faute par les larmes d'un repentir éclatant, et le fils qui désobéit en niant cette même autorité, et jusqu'à la fin se fait gloire de cette négation sacrilége, tout le monde mesure l'énorme différence. Au témoignage de l'histoire, entre Abailard et un Rationaliste, la différence est la même. Ajoutons que c'est dans la lecture des auteurs païens qu'Abailard avait puisé le principe

[1] Petr., *Clun.*, lib. IV, epist. 21.

de ses erreurs [1]. En sorte qu'en le réunissant à son prédécesseur Scot Erigène, et à son successeur Amauri, nous trouvons que c'est au contact du paganisme que les trois principaux champions de la révolte intellectuelle au moyen âge s'étaient perverti l'intelligence.

Au treizième siècle, Amauri ou Amalric de Bène émet dans un cours de philosophie quelques propositions panthéistiques. Son oracle est un certain philosophe grec nommé Alexandre, contemporain de Plutarque. Charmé d'avoir trouvé un maître dont l'obscurité peut laisser à son disciple la gloire de l'invention, Amauri se permet d'enseigner : « Que tout est Dieu; que Dieu est tout; que le Créateur et la créature sont une même chose; que les idées créent et sont créées [2]. » Ces blasphèmes sont à peine connus que l'université de Paris se lève tout entière et les condamne. Amauri en appelle au saint-siége,

[1] « Primam elementorum concordiam esse Deum et materiam ex qua reliqua fierent docuit Empedocles... Jam tandem obsoleverat et inter veterum somnia et phantasmata recensebatur... Eam (opinionem) inter veteris philosophiæ parietinas et rudera revocavit Petrus Abælardus, ingenio audax et fama celeber, et quasi Eurydicen Orphæus ab inferis tandem revocavit. » (Caramuel, *Phil. real.*, lib. III, § 3, p. 175.)

[2] Omnia sunt Deus, Deus est omnia. Creator et creatura idem; ideæ creant et creantur. » (Puteolus, *In Elencho hæreseon : voce Amalricus*, p. 23; Gerson, *Tract. de concord. metaph. cum. log.*, part. IV.)

et par cette démarche prouve qu'il reconnaît le principe d'autorité. Amauri peut être un hérétique, mais il n'est pas un Rationaliste. Ajoutons que l'esprit général de cette grande époque était si contraire à toute révolte de l'intelligence, que, par représailles contre le novateur, qui vint à mourir sur ces entrefaites, on retira son corps du cimetière et on l'inhuma dans un lieu profane.

Disciple d'Amauri, David de Dinant ne fut pas mieux accueilli que son maître. Bien qu'au moyen âge les grandes questions des *réalistes* et des *nominaux* aient constamment côtoyé le matérialisme et le panthéisme, cependant, grâce au principe tutélaire de l'autorité, également respecté des deux partis, nul ne soutint sciemment et avec opiniâtreté l'une ou l'autre de ces formidables erreurs.

Le quatorzième siècle voit paraître Raymond Lulle. Il faut que les Rationalistes modernes soient bien embarrassés de se faire une généalogie, pour mettre ce personnage au nombre de leurs ancêtres. Raymond Lulle est tout, excepté ce qu'ils prétendent : théologien, philosophe, médecin, chimiste, physicien, jurisconsulte, homme d'État, religieux, applaudi de toute l'Europe pendant soixante ans ; trois fois missionnaire en Afrique, où il est mis à mort par les infidèles. Puis honoré comme un saint, Raymond passe pour être l'auteur de vingt ouvrages dans lesquels se trouvent mêlées la vérité et l'erreur. En 1374, le pape Grégoire XI condamna ce qu'ils contiennent de répréhensible. On y trouve bien des propositions malsonnantes, mais non la formule du Rationalisme. Dans son *Mundus subterraneus*, le P. Kircher prétend avec raison que si Lulle a soutenu des erreurs, il ne faut pas douter qu'il ne les ait expiées par sa vie austère et pénitente; qu'il avait résolu de brûler ses livres, mais que ses disciples les ont dérobés à cet acte de sagesse et de justice [1].

Tels sont les principaux personnages que l'on donne pour les apôtres du Rationalisme au moyen âge. Or, il n'en est aucun qui ait clairement, systématiquement, obstinément déifié la raison; aucun qui ait contesté l'autorité infaillible de l'Église ou bravé ses condamnations; aucun qui ait nié l'ordre surnaturel, la divinité de Jésus-Christ, la nécessité de la grâce; aucun qui ait réduit le symbole de l'humanité aux enseignements de la pure raison, et le décalogue à la pratique des vertus purement humaines. Il suffit d'ailleurs de se rappeler ce qu'était le moyen âge, tant dans l'ordre religieux que dans l'ordre social, pour avoir la preuve irréfragable que

[1] Nous ne parlons ni de Wiclef, ni de Jean Hus, ni de Jérôme de Prague, ni d'Arnaud de Brescia, ni de Valdo : tous ces novateurs furent des hérétiques et non des rationalistes.

la foi était le principe vital et comme l'âme de cette grande époque. C'est donc un fait acquis à l'histoire qu'avant la Renaissance, le Rationalisme tel qu'il se définit lui-même et tel que nous le voyons régner de nos jours, était inconnu de l'Europe chrétienne.

CHAPITRE IV.

CAUSES DES TENTATIVES DE RATIONALISME AVANT LA RENAISSANCE.

Contact de l'intelligence chrétienne avec l'antiquité païenne. — De là toutes les tentatives de Rationalisme. — Contact avec la Grèce sophistique et avec le mahométisme matérialiste. — Physique et Métaphysique d'Aristote apportées à Paris. — Sa philosophie proscrite par les Pères de l'Église de l'Orient et de l'Occident : Tertullien, saint Irénée, Origène, Lactance, Eusèbe, Hermias, saint Basile de Cappadoce, saint Grégoire de Nazianze, saint Épiphane, saint Ambroise, saint Chrysostome.

Thomasius, Spizélius, Bayle, Voltaire, tous les libres penseurs, protestants et catholiques, affirment que leurs aïeux les Rationalistes ou les Athéistes, comme ils les appellent, étaient inconnus au moyen âge [1]. L'histoire, appelée en vérification de leur témoignage, a répondu que, en effet, avant la Renaissance, le Rationalisme était, pour employer un mot de saint Augustin, aussi rare en Europe que les corneilles en Afrique. D'une voix unanime, les

[1] C'est, en d'autres termes, ce que disait Érasme, le grand apôtre de la Renaissance : *Ego peperi ovum; Lutherus exclusit.*

3.

mêmes témoins font remonter l'origine du Rationalisme à l'arrivée des Grecs en Occident, au milieu du quinzième siècle. Avant de constater historiquement cette seconde partie de leur témoignage, arrêtons-nous sur un point digne du plus sérieux examen, et qui n'aura pas échappé à l'attention du lecteur.

Nous venons de voir que les tentatives de Rationalisme qui se produisent de loin en loin dans le cours du moyen âge furent invariablement déterminées par le contact de l'intelligence chrétienne avec l'antiquité païenne. On n'a pas oublié que le Césarisme, qui n'est autre chose que le Rationalisme appliqué à l'ordre social, est venu de la même cause. Sans doute le germe de la révolte intellectuelle, et même de toute révolte, est impérissable au cœur de l'homme déchu; mais il est bien remarquable que chez les peuples chrétiens, comme autrefois chez le peuple juif, l'agent extérieur qui le met en mouvement, c'est toujours le Paganisme. Pour le dire en passant, ceci est plus qu'un fait, c'est une loi : loi immuable dont la formule populaire est l'adage de tous les temps et de tous les lieux : *Dis-moi qui tu fréquentes, je te dirai qui tu es.*

Pour rendre l'existence de cette loi plus évidente, ajoutons que pendant le moyen âge les tentatives de révolte intellectuelle deviennent plus nombreuses et plus graves, à mesure que le contact périlleux que nous avons indiqué devient plus habituel et plus intime. Dans l'histoire psychologique du mal qui dévore l'Europe actuelle et qui la menace d'un cataclysme sans exemple, cette observation a une telle importance, qu'il est nécessaire de la mettre dans tout son jour : nous allons l'entreprendre.

Les croisades avaient mis l'Occident catholique et profondément croyant en contact immédiat et prolongé, d'une part, avec la Grèce, terre classique de l'hérésie, du schisme et du sophisme, dont les savants continuaient de regarder comme leur gloire et de prendre pour oracles les anciens chefs du Portique et du Lycée; d'autre part, avec l'islamisme panthéiste et fataliste.

L'Europe ne tarde pas à ressentir un malaise jusqu'alors inconnu. De nombreuses sectes, nées de la Cabale, du Manichéisme et du Gnosticisme oriental, s'agitent dans l'ombre. Longtemps on les voit paraître et disparaître, pour reparaître encore sous des noms nouveaux : Cottereaux, Albigeois, Spiritualistes, Fratricelles, Béguards, Vaudois, Flagellants. Hâtons-nous d'ajouter que toutes ces tentatives du vieil homme n'obtinrent aucun triomphe social, je veux dire général et permanent.

Cependant le germe fatal dont elles étaient la

manifestation allait se développer au sein des générations lettrées, par l'étude trop passionnée d'Aristote. La Physique et la Métaphysique de cet auteur furent apportées de Constantinople à Paris en 1167. Afin d'être à la portée des savants de l'Occident, ces ouvrages furent traduits en latin, avec les commentaires qu'en avaient donnés les Arabes [1].

Comme on se permettait d'enseigner dans les écoles d'Italie les principes de l'ancien droit césarien, à Paris on se mit à jouer en quelque sorte avec la méthode rationaliste du philosophe de Stagyre : jeu perfide dont on était loin de prévoir les dernières conséquences. Parce que la foi était fortement enracinée dans les âmes et dans les institutions sociales, et que de puissants génies, tels que Albert le Grand, saint Bonaventure, saint Thomas, savaient rogner les griffes du lion, le discipliner, le dresser même à certains exercices utiles à la réfutation de l'erreur et à la démonstration de la vérité, on croyait n'en avoir rien à craindre : on oubliait trop les graves avertissements des Pères de l'Église. Ces grands hommes, qui avaient vu de leurs yeux les funestes effets de la philosophie d'Aristote, n'avaient rien négligé pour la bannir à jamais des écoles catholiques. Le moment est venu

[1] *Éloge historique de l'Université de Paris*, p. 32. — C'est une preuve entre cent qu'alors on n'étudiait pas le grec.

de faire connaître leurs motifs, de montrer la fidélité avec laquelle on observa pendant de longs siècles leur sage défense; comment on crut pouvoir l'enfreindre, et quels furent, jusqu'à la Renaissance les résultats de l'influence d'Aristote. Indépendamment de son importance capitale dans la question qui nous occupe, ce point d'histoire aura pour plusieurs, nous osons le croire, tout l'intérêt de la nouveauté.

Après les dogmes de foi, je ne sais s'il est un point sur lequel les Pères de l'Église soient aussi unanimes que dans la proscription de la philosophie païenne, et spécialement de celle d'Aristote. Nous en connaissons VINGT-NEUF, parmi les plus célèbres, qui ne semblent pas avoir d'expressions assez fortes pour éloigner les chrétiens de cette chaire de pestilence. Voilà jusqu'à quel point on conseillait, dans les premiers siècles de l'Église, l'usage des auteurs profanes pour l'instruction de la jeunesse!

Contentons-nous de quelques témoignages. « De la philosophie, dit Tertullien, sont nées les hérésies. Les Éones de Valentin viennent de Platon; le Dieu tranquille de Marcion, des stoïciens..... Misérable Aristote, qui, pour les hérétiques et les philosophes, as inventé la dialectique, art de disputer, également propre à édifier et à détruire, vrai protée dans ses axiomes, étroite dans ses pensées, tyrannique dans ses arguments, ouvrière de contentions, insupportable à elle-même, s'appliquant à tout et n'élucidant rien. De là *ces fables, ces généalogies interminables, et ces questions oiseuses et ces discours qui gagnent comme la gangrène*, contre lesquels l'Apôtre voulant nous mettre en garde signale nommément la philosophie, et écrit aux Colossiens : *Prenez garde que quelqu'un ne vous trompe par la Philosophie et par de vains raisonnements, selon la tradition des hommes, et non selon l'ordre établi par la sagesse du Saint-Esprit.*

» Saint Paul avait été à Athènes, et il avait appris par ses conversations à connaître cette sagesse humaine, prometteuse mensongère et corruptrice de la vérité, divisée en mille sectes, ennemies jurées les unes des autres. Qu'y a-t-il donc de commun entre Athènes et Jérusalem? entre l'Académie et l'Église, entre les hérétiques et les chrétiens? Notre philosophie vient du Portique de Salomon, et voici la leçon de ce grand maître : *Il faut chercher le Seigneur avec un cœur simple et droit.* Qu'ils se souviennent de cela, ceux qui prétendent nous faire un christianisme *stoïcien, platonicien et dialecticien*[1]. »

[1] Ipsæ denique hæreses a philosophia subornantur. Inde Æones... apud Valentinum : Platonicus fuerat. Inde Marcionis Deus melior de tranquillitate, a stoicis venerat. Miserum Aristotelem! qui illis (hæreticis et philosophis) dialecticam instituit, artificem

Dans son livre *contre les hérésies,* saint Irénée est plus laconique, mais non moins vigoureux que Tertullien, lorsqu'il appelle Aristote « *maître en bavardage et en subtilité*, que les hérétiques ne manquent jamais d'appeler à leur aide pour corrompre la foi [1].»

« La philosophie d'Aristote, ajoute Origène, incline plus que toute autre vers le sensualisme et le matérialisme [2]; » « et vers le fatalisme et l'absurde

struendi et destruendi, versipellem in sententiis, coactam in conjecturis, duram in argumentis, operariam contentionum, molestam etiam sibi ipsi, omnia retractantem, ne quid omnino tractaverit..... Quid ergo Athenis et Hierosolymis? quid Academiæ et Ecclesiæ? quid hæreticis et christianis? Nostra institutio de Porticu Salomonis est, qui et ipse tradiderat : *Dominum in simplicitate cordis esse quærendum* (*Sap.* I, 1). Viderint, qui stoicum et platonicum et dialecticum christianismum protulerunt.—*De præscript.*, c. VII. — En empruntant ces dernières paroles dans son encyclique de 1846, Pie IX ne nous dit-il pas clairement que le christianisme court aujourd'hui les mêmes dangers qu'aux premiers siècles, et qu'il ne manque pas en Europe de philosophes rationalistes qui enseignent un christianisme stoïcien, platonicien, dialecticien? La question est toujours de savoir quand et comment ces philosophes *païens* sont revenus au sein des nations chrétiennes.

[1] Multiloquium et subtilitatem circa quæstiones, cum sit Aristotelicum inferre fidei conantur. — *Hæres.*, lib. II, c. XIX.

[2] Peripatetica ut humanis affectibus obnoxia, et plusquam aliæ sectæ tribuente bonis, quæ magni fiunt apud homines. — Lib. I, *Contr. Cels.*

Pour l'illustre docteur, la vraie philosophie est celle qui établit sur des fondements chrétiens tous les dogmes de la foi, et non sur des arguments philosophiques. Voici comment il caractérise système de l'éternité de la matière, continue Lactance[1]. »

« Aristote, écrit Eusèbe, est en grande vénération parmi les hérétiques. C'est à lui qu'ils ont recours lorsqu'ils veulent par leurs subtilités altérer le sens des Écritures[2]. »

Hermias se moque le plus agréablement du monde d'Aristote et de tous les philosophes païens redevenus

l'opération de ceux qui prétendent convertir les mécréants au moyen des belles-lettres et de la philosophie païenne : Si ex his eruditionibus, quæ extrinsecus videntur esse in seculo, aliquas contingimus, verbi causa, ut est eruditio litterarum, vel artis grammaticæ, ut est geometrica doctrina, vel ratio numerorum, vel etiam dialectica disciplina, et hæc omnia extrinsecus quæsita ad nostra instituta perducimus, atque in assertionem nostræ legis adsciscimus, tunc videbimur vel alienigenas in matrimonium sumpsisse, vel etiam concubinas : et si de hujusmodi conjugiis disputando, contradicentes redarguendo, convertere aliquos poterimus ad fidem, et si suis eos rationibus et artibus superantes ad veram philosophiam Christi et veram scientiam Christi, pietatem Dei suscipere suaserimus, tunc ex dialectica et rhetorica videbimur quasi ex alienigena quadam vel concubina filios genuisse. — *Homil.* XI, *in* I *Gen.*

[1] Stoici animantium fabricam divinæ solertiæ tribuunt; Aristoteles autem labore se ac molestia liberavit, dicens mundum semper fuisse. — *Contr. Gentil.*, lib. II, c. II.

[2] Aristoteles et Theophrastus in summa habentur veneratione. Illi ergo tum infidelium artibus ad erroris sui sententiam roborandam abutuntur, tum solerti impiorum astutia ac subtilitate simplicem ac sincerum divinarum scripturarum fidem adulterant. — *His. eccl.*, lib. V, c. XXVII.

les idoles de l'Europe depuis la Renaissance [1], et saint Basile de Cappadoce demande avec ironie : « Qu'avons-nous besoin des syllogismes d'Aristote ou de Chrysippe, pour apprendre à connaître le Verbe et sa génération éternelle? Que veut l'hérétique, en les prenant pour maîtres, sinon montrer son génie et son habileté à fabriquer et à dissoudre des sophismes pour arriver à nier les dogmes de la foi [2]? »

Saint Grégoire de Nazianze, dont quelques-uns se permettent de faire l'avocat des auteurs profanes, est bien autrement énergique, lorsqu'il appelle « les philosophes païens, et en particulier PLATON et ARISTOTE, DES PLAIES D'ÉGYPTE qui ont désolé l'Église [3]. »

« Ils sont pleins du virus d'Aristote, s'écrie saint Épiphane, les hérétiques qui méprisent la simplicité du Saint-Esprit... C'est avec les syllogismes de cet homme qu'ils attaquent la divinité de Jésus-Christ. Mais vous avez beau faire, le royaume de Dieu ne consiste ni dans des syllogismes, ni dans des argu-

[1] *Irrisio philosoph.*

[2] Num Aristotelis aut chrysippi syllogismis opus est, ut eum prædicemus qui ingenitus est, etc., etc. — *Contr. Eunom.*

[3] Lingua pauper, nec verborum fluxus et captiones novit... aut pravum artium aristotelicarum artificium, aut platonicæ eloquentiæ præstigias, quæ velut ægyptiacæ quædam plagæ in Ecclesiam nostram irrepserunt. — *Orat.* XXVI.

ments, ni dans des discours arrogants et boursouflés, mais dans la vertu et la vérité [1]. »

Artisan d'hérésie, docteur d'impiété, qui prétend que la providence de Dieu ne descend que jusqu'à la lune, tel est Aristote aux yeux de l'illustre archevêque de Milan, saint Ambroise [2].

Ce que saint Ambroise dit en Occident, un docteur non moins illustre, saint Jean Chrysostome, le proclame en Orient. Pour lui, les philosophes païens, et entre tous Platon et Aristote, ne furent que des Rationalistes, qui, au lieu d'accepter simplement les vérités traditionnelles, les soumirent au scalpel de leur raison et tombèrent dans le scepticisme, en passant par des variations infinies : dangereux ennemis de la foi et pauvres maîtres des chrétiens [3].

[1] Hujus philosophi virus omne in seipsis expresserunt, et innocentem Spiritus Sancti simplicitatem, benignitatemque reliquerunt, etc. Syllogismis quibusdam aristotelicis ac geometricis Dei naturam explicare student, iisdemque probant Christum a Deo oriri non posse... Desine, Aeti, aristotelicas illas tuas voces et inanes obtrudere... Non enim in syllogismis argumentisque regnum cœleste positum est, neque in arroganti inflatoque sermone, sed in virtute et veritate. — *Contr. hæres.*, lib. II. *Hæres.* 69; lib. III, *Hæres.* 76.

[2] Et primo eorum assertionem, qui Deum putant curam mundi nequaquam habere, sicut Aristoteles asserit usque ad lunam descendere providentiam. — *Offic.*, lib. I, c. XIII.

[3] Voluerunt enim amplius quiddam invenire, finibus sibi datis non contenti; quapropter et ab iis exciderunt, ut qui novitatem

appetiverint. Etenim hujusmodi omnia Græcorum fuere, ob quod adversum semetipsi mutuo stetere; et Aristoteles quidem adversus Platonem insurrexit. Stoici autem in hunc infremuerunt, et alius aliis hostis extitit... vide quantum sit periculum res fidei permittere humanis rationibus et non fidei... Nihil pejus est, quam humanis rationibus spiritualia subjicere. — *Homil.* III, *in* c. I *Epist. ad Rom.*; *in Psal.* CXV; *Homil.* XXIV, *in Joan.*

CHAPITRE V.

CAUSES DES TENTATIVES DU RATIONALISME AVANT LA RENAISSANCE.

Nouveaux témoignages des Pères contre Aristote : Saint Jérôme, saint Augustin, saint Cyrille d'Alexandrie; Énée de Gaza, Henri de Lyon, saint Bernard, le Concile de Paris en 1209. — Ouvrages d'Aristote condamnés au feu. — Ainsi première phase de la fortune d'Aristote, depuis le commencement de l'Église jusqu'au treizième siècle; interdiction absolue de ses ouvrages. — Décret du cardinal de Courçon. — Seconde phase de la fortune d'Aristote. — Tolérance de sa dialectique. — Bulle de Grégoire IX. — Troisième phase de la fortune d'Aristote. — Autorisation d'enseigner sa Physique et sa Métaphysique après expurgation. — Résumé.

Saint Jérôme, qui ne craint pas d'appeler la rhétorique, la poésie et la philosophie païennes, la *nourriture des démons*, conserve toute son énergie pour signaler le mal qu'ont fait à l'Église Platon et Aristote. « De leur école, dit-il, sont venus parmi nous les déclamateurs avides de gloire, les sophistes, les contempteurs de l'Écriture et les hérétiques, qui enferment la simplicité de l'Église dans les broussailles de la philosophie [1]. »

[1] Accedit ad hoc, quod Ariana hæresis magis cum sapientia se-

Saint Augustin, qui a déploré si éloquemment l'usage de mettre les auteurs païens entre les mains de la jeunesse, proclame, comme tous les Pères, que c'est dans Aristote que les hérétiques allaient chercher leurs armes [1].

« Les hérétiques, s'écrie saint Cyrille d'Alexandrie, nous courent sus armés de la philosophie d'Aristote, et gonflés de l'orgueil qu'inspire la sagesse mondaine, ils font retentir le monde d'un vain cliquetis de paroles [2]. »

Parlant des philosophes de son siècle, Rousseau les compare à des charlatans sur une place publique qui crient chacun de son côté : *Venez à moi ; c'est moi seul qui ne trompe pas ;* et qui ne s'entendant sur rien semblent n'avoir d'autre but que de se contredire les uns les autres et eux-mêmes. Énée de

culi facit et argumentationum rivos de fontibus Aristotelis mutuatur... Hæc argumentatio tortuosa est, ecclesiasticam simplicitatem inter philosophorum spineta concludens. Quid Aristoteli et Paulo? Quid Platoni et Petro?... Disputatio tua non ex fontibus veritatis et christiana simplicitate, sed ex philosophorum minutiis et arte descendit. — *Dialog. contr. Lucifer.; contr. Pelag.*, lib. I et III.

[1] Rogo, fili Juliane, quid respondebis? quibus eos oculis intueberis (Patres Ecclesiæ)? Quæ Aristotelis categoriæ, quibus ut in nos velut artifex disputator insilias, videri appetis elimatus? etc. — *Contr. Julian.*, lib. I.

[2] Ex aristotelica disciplina nobis insultantes, et mundanæ sapientiæ fastu turgidi inanes verborum crepitus excitant, etc. — *Contr. Eunom. assert.* II.

Gaza, sorti de l'école de Platon pour devenir chrétien, adresse le même reproche aux philosophes païens, sans excepter son propre maître. Pour lui, Aristote n'est qu'un dangereux sophiste, qui, altérant la nature de l'âme et niant son immortalité, conduit le monde dans l'abîme d'un grossier matérialisme [1].

« La mort de Jésus-Christ, continue Henri de Lyon, a détruit le règne de Platon et d'Aristote; leur sagesse est comptée pour rien dans l'Église [2]. » Pouvait-il dire plus clairement que ce n'est point à leur école que doivent s'instruire les chrétiens, et, à plus forte raison, qu'il faut envoyer la jeunesse?

Aussi saint Bernard s'écrie dans un de ses sermons : « Je me réjouis que vous soyez de l'école du Saint-Esprit. Pourquoi suis-je plus savant que les maîtres? est-ce parce que j'ai étudié les arguties de Platon; les subtilités d'Aristote? Nullement; c'est, ô mon Dieu, parce que j'ai médité votre loi. Est-ce que les apôtres nous ont enseigné à lire

[1] Aristoteles autem... existimat animam simul cum corpore dissolvi. Reliqui deinceps hoc omnes agunt, ut alii aliorum sententias destruant atque convellant; quo fit ut et aliis et sibi ipsis contrarias opiniones prodant. — *In Theophrast.*

[2] Destructus est Plato et Aristoteles per mortem Christi, et eorum sapientia in Ecclesia pro nihilo ducitur.—*In cap.* II *Epist.* I *ad Corinth.*

Platon ou à débrouiller les entortillements d'Aristote [1] ? »

Cette réprobation solennelle forma l'opinion publique de l'Europe, et, jusqu'au douzième siècle, la règle immuable de sa conduite. A part quelques exceptions momentanées et toujours mal vues, dans aucune école, Aristote ne fut enseigné, moins encore Platon : c'est à peine si quelques-uns de leurs ouvrages étaient connus des érudits [2]. Vers la fin du même siècle et au commencement du treizième,

[1] ... Quid docuerunt, vel docent nos sancti apostoli? Non Platonem legere, non Aristotelis versutias inversere. — Serm. II, *in die Pentecost.; id.*, Serm. I, *in fest. Apost. Petri et Pauli.* — Nous pourrions citer encore, le sixième concile général, act. XI ; Bède, lib. IV, in cap. IX *Samuelis;* in cap. VII *Levitic.*; Mansuet, évêque de Milan, *Epist. ad Constantin.;* Sidoine, lib. IV, *epist.* 3; l'évêque Nemesius, lib. *De natura hominis;* Theodoret, serm. V, *De natura hominis; id., De relig. hist.*, c. XXVII; Theodor., prêtre d'Antioche, lib. *De incarnat. contr. hæreses*; saint Justin, *Dialog. cum Tryphone*, etc.

[2] Ainsi, Bède, qui exclut formellement Aristote des écoles, et comme dit un auteur : *A christianæ fidei vicinitatibus et confiniis prohibuit*, connaissait quelques-uns de ses ouvrages, dont il a extrait plusieurs sentences. Il en est de même de Lanfranc, *in I ad. Cor.*; de Pierre, abbé de Celles, lib. X, *epist.* 12; de Richard de Constance, à qui Jean de Salisbury, évêque de Chartres, écrit de lui envoyer quelques traités d'Aristote, *epist.* 202. — Quant à Platon, presque personne ne le connaissait, surtout ne le lisait. Platonem enim jam inde e multis annis vix in angulis homines otiosi legunt. — Melech. Canus., *Disputat. de Aristotel.*, lib. X, *De locis theolog.*, c. V.

deux ou trois maîtres en philosophie entreprirent d'expliquer, à la place de la philosophie de saint Augustin, JUSQU'ALORS DOMINANTE DANS TOUTES LES ÉCOLES, certains traités du philosophe de Stagyre. A cette source dangereuse, ils puisèrent les erreurs que nous avons signalées. C'est alors qu'intervint le concile de Sens, tenu à Paris en 1209.

Le célèbre décret de cette assemblée fut la confirmation authentique du jugement des Pères de l'Église et la preuve éclatante de la fidélité avec laquelle on continuait d'y souscrire. Afin d'arrêter le mal dès le commencement et de l'extirper dans sa racine, le concile frappe tout à la fois Aristote et Amauri son disciple. Il condamne au feu les livres d'Aristote, sa Métaphysique et sa Philosophie; défend, sous peine d'excommunication, à quiconque, de les copier à l'avenir, de les enseigner, de les garder; livre les disciples d'Amauri au bras séculier, qui en fait brûler dix et déterrer le cadavre de leur maître, dont les cendres sont jetées au vent [1].

[1] In illis diebus legebantur Parisius libelli quidam de Aristotele, ut dicebantur, compositi, qui docebant Metaphysicam, qui quoniam non solum hæresi (Amalrici) sententiis subtilibus occasionem præbebant, immo et aliis nondum inventis præbere poterant, jussi sunt omnes comburi; et sub pœna excommunicationis cautum est in eodem concilio, ne quis eos de cetero scribere et legere præsumeret vel quocumque modo habere. — Rigordus, *in Vit. Philipp. Aug.*

Ainsi, *première* phase de la fortune d'Aristote: interdiction absolue et condamnation de ses ouvrages.

Le décret du concile de Sens ne fut pas longtemps observé. Les livres d'Aristote, traduits en latin, continuaient d'être lus par un certain nombre de personnes. De plus, les commentaires faits sur ces livres par Alexandre, Algazel et Alkinda, philosophes arabes, entraînaient les esprits dans les plus pernicieuses erreurs, que paraissaient favoriser quelques philosophes régents et auditeurs ou artistes [1]. En présence de ce fait alarmant, le cardinal de Courçon, délégué, par le saint-siége, en 1215, pour réformer l'Université de Paris, crut devoir faire une concession. Tout en maintenant la défense de lire les ouvrages d'Aristote condamnés au feu, il autorisa l'explication de sa Dialectique [2]. Jusqu'a-

Librorum quoque Aristotelis, qui de naturali philosophia inscripti sunt, et ante paucos annos cœperant lectitari interdicta est lectio... quia ex ipsis errorum semina viderentur exorta. — Hugo, *Chronol. Roberti continuat. an.* 1210; Joan. Victorin. *in Memorial. histor.*

[1] *Collectio judicior. de novis errorib. qui ab init. XII secul. usque ad an.* 1632, *in Eccles. proscripti sunt.* 3 vol. in-fol. Lutetiæ, 1328, t. I, p. 203.

[2] Noverint universi, quod cum domini papæ speciale habuissemus mandatum... ordinavimus et statuimus in hunc modum... Legant libros Aristotelis de Dialectica tam de veteri quam de nova in scholis ordinarie et ad cursum... non legantur libri Aristotelis

4.

lors, la philosophie de saint Augustin avait, comme nous l'avons dit, régné dans les écoles. Maintenant saint Augustin cède la place à Aristote, le docteur chrétien au philosophe païen [1]. Ainsi, *seconde* phase de la fortune d'Aristote : interdiction absolue de sa Physique et de sa Métaphysique, mais tolérance de sa Dialectique.

La concession faite par le légat profita peu à la république chrétienne, et l'expérience ne tarda pas à justifier les Pères de l'Église et le concile de Sens. A l'école d'Aristote, ce grand maître en subtilités, les universités devinrent trop souvent une arène de disputeurs, *ergotant* sur toutes choses, parlant sans se comprendre, se faisant un jeu de soutenir avec

de metaphysica et de naturali philosophia, nec summæ de iisdem... ut omnes qui contumaciter contra hæc statuta nostra venire præsumpserint... vinculo excommunicationis innodamus. — *Cod. Mss. Academ. Parisiens.*

[1] Que jusqu'à cette époque la dialectique de saint Augustin ait régné dans les écoles, nous en avons un illustre témoignage dans la vie de saint Odon de Cluny : Odo vir beatissimus ex Francorum prosapia extitit oriundus... adiit Parisium ibique dialecticam sancti Augustini Deodato filio suo missam perlegit, et Marcianum in liberalibus artibus frequenter lectitavit, præceptorum quippe in his omnibus habuit Remigium. *Vit. Odon. Clun.*, lib. I. — Sic igitur, ajoute Launoi, usus obtinuerat, ut Lutetiæ Augustini dialectica traderetur. Eam doctissimus ille vir Remigius tradidit, eam post Remigium Odo, et post Odonem alii tradiderunt. Verum tandem aliquando Augustinus Aristoteli, christianus videlicet gentili cessit. P. 29.

une égale assurance le pour et le contre, portant même quelquefois dans le domaine de la théologie cet esprit prétendu philosophique, se permettant d'interpréter selon les règles de la dialectique d'Aristote le livre divin, et allant jusqu'à soutenir que certaines choses sont vraies suivant la philosophie, mais non selon la foi. Le mal devint assez grave pour attirer l'attention du saint-siége et provoquer la bulle fameuse de Grégoire IX en 1231.

Dans cette bulle, adressée à l'Université de Paris, le pontife blâme les maîtres de cette école, célèbre entre toutes, d'avoir introduit dans l'enseignement de la théologie des questions purement philosophiques; substitué au langage natif de la théologie un jargon barbare, mélange odieux de mots chrétiens et de mots païens : imitateurs malheureux des juifs, qui, au retour de la captivité de Babylone, ne parlaient plus le pur langage de leurs aïeux, mais une langue souillée de mots païens, et il les exhorte à redevenir ce qu'ils avaient été, *des théologiens et non des philosophes*. Puis, dans l'espoir, sans doute, d'obtenir plus facilement la soumission à ses ordres, il adoucit la rigueur du canon émané du concile de Sens, tout en sanctionnant de son autorité souveraine la sagesse de son décret. A l'interdiction absolue de la Métaphysique et de la Physique d'Aristote, il substitue la défense de lire ces ouvrages jusqu'à ce qu'ils aient été convenablement expurgés[1]. Ainsi, *troisième* phase de la fortune d'Aristote, interdiction temporaire de sa Physique et de sa Métaphysique.

Il est plus que douteux que la bulle du pape ait obtenu le résultat qu'on devait en espérer. D'une part, aucun monument n'établit qu'on ait expurgé les livres d'Aristote; d'autre part, on ne tarda pas à voir reparaître de nouvelles erreurs puisées à cette source funeste. Henri de Gand dit qu'on accusait le novateur Simon de Tournai d'avoir appris à l'école d'Aristote ses doctrines empoisonnées[2]. Une accusation semblable est portée contre d'autres professeurs par Odon, chancelier de l'Université de Paris, puis cardinal-évêque de Tusculum. Il se plaint amèrement de ce que les subtilités philosophiques

[1] Ad hæc jubemus, ut magistri artium... libris illis naturalibus; qui in concilio provinciali ex certa scientia prohibiti fuere Parisius, non utantur, quousque examinati fuerint, et ab omni errorum suspicione purgati. Magistri vero et scholares theologiæ in facultate, quam profitentur, se studeant laudabiliter exercere; nec philosophos se ostentent, sed satagant fieri Theodidacti, nec loquantur in lingua populi, linguam hebræam cum asotica confundentes, sed de illis tantum in scholis quæstionibus disputent, quæ per libros theologicos et sanctorum Patrum tractatus valeant terminari... Nulli ergo hominum liceat hanc paginam nostræ provisionis, concessionis, prohibitionis et inhibitionis infringere, vel ei ausu temerario contraire, etc. — *Mss. Acad. Paris.*

[2] Lib. *De script. eccles.*, c. XXIV.

envahissent le champ de la théologie. Il appelle ce désordre une fornication qui détruit l'alliance légitime de la raison et de la foi; un crime semblable à celui des Hébreux, qui préféraient les oignons d'Égypte à la manne du désert; une folie pareille à celle d'un paysan qui se sature tellement de pain noir, qu'il ne reste plus de place dans son estomac pour loger un morceau de pain blanc [1].

Comme on le voit, ce n'est pas d'aujourd'hui qu'on signale les dangers des auteurs païens dans l'instruction de la jeunesse chrétienne. Si, au treizième siècle, le bon sens et l'esprit du saint-siége trouvaient des contradicteurs, il rencontrait, aussi bien que de nos jours, des hommes qui en faisaient la règle de leur conduite et de leurs écrits. A l'illustre évêque dont nous venons de rapporter les paroles, joignons le bienheureux Louis, contemporain d'Odon.« Toute cette philosophie païenne, dit l'auteur de sa vie, lui déplaisait; son bonheur était de prendre ses leçons dans les auteurs chrétiens, tels que saint Ambroise, saint Augustin, saint Jérôme, saint Grégoire. C'est

[1] In scientiis philosophorum modicum debemus morari, in theologia omnibus diebus... Quidam semper stant in ostio, et domum theologiæ nunquam intrant... artes sunt quasi ancilla; theologia domina. Sic plerique adulterantur cum suis ancillis, de domina parum curantes, sed contra præsumentes supra vires. — *Serm. domin. II post festum Trinit.*

ainsi que dans son enseignement il opposait le christianisme au paganisme [1]. »

Parmi ces grands hommes également fidèles à conserver les antiques traditions et à respecter les décisions de Rome et des conciles, il faut, à n'en pas douter, compter les illustres docteurs Albert le Grand et saint Thomas, son disciple. Toutefois, il est certain que l'un et l'autre commentèrent Aristote, ou du moins firent un fréquent usage de ses écrits, et cela peu de temps après la défense du concile de Paris et la bulle de Grégoire IX. Comment expliquer ce fait singulier? Plusieurs savants, entre autres Campanella, pensent que SAINT THOMAS AVAIT OBTENU DU PAPE LA PERMISSION DE LIRE ARISTOTE, afin de combattre par Aristote lui-même le mal qu'il faisait [2]. Suivant quelques-uns, la défense du pape et du concile n'était que locale; et ils supposent qu'Albert le Grand et saint Thomas n'étaient pas à Paris lorsqu'ils *lisaient* les ouvrages d'Aristote, ou qu'ils ne

[1] Non libenter legebat in scripturis magistralibus, sed in sanctorum libris authenticis et probatis.— *Gaufrid. Bellilocus*, c. XXIII *de vit. illius*. — Quos inter numerat Ambrosium, Augustinum, Hieronymum, Gregorium. Atque ita magistrorum, qui tunc viverent aut vixerant opera, videtur veterum Ecclesiæ tractatorum libris opponere. — Launoi, p. 32.

[2] Nullo pacto putandus est aristotelizasse, sed tantum Aristotelem exposuisse, ut occurreret malis per Aristotelem illatis, et crederem cum licentia pontificis. —*Prolog. instaurat. scient.* art. 11.

faisaient usage que des écrits non condamnés de cet auteur. Quoi qu'il en soit, il est curieux de voir un peu plus tard la Faculté de théologie de Paris blâmer, devant le pape, frère Thomas de s'être trop servi du Péripatéticien et d'avoir introduit son langage philosophique dans le domaine de la théologie. Que ce blâme soit mérité, ce n'est pas ce que nous disons; nous disons seulement qu'il a été infligé [1].

Résumons, en peu de mots, toute l'histoire de cette fermentation du Paganisme, avec ses causes et ses effets, au commencement du treizième siècle : que celui qui a des oreilles pour entendre, entende. « Avant cette époque, dit un auteur non suspect, on ne connaissait que quelques traités d'Aristote, enseignés et commentés par quelques maîtres; mais, en général, il n'avait pas grande réputation, et son nom ne brillait pas. Mais depuis qu'ils furent tous

[1] ... Dicunt etiam quod in terminis philosophiæ et naturalibus principiis erravit manifeste. Dicunt etiam quod in pluribus locis doctrinæ suæ ipse erravit pro hoc quod principia philosophiæ, seu potius quædam philosophorum verba ad conclusiones theologiæ nimis applicavit. Non enim loqui taliter debent theologi, qualiter loquuntur philosophi, sicut docet Augustinus, lib. X *De civ. Dei*, c. XXIII, dicens : Liberis verbis loquuntur philosophi, nec in rebus ad intelligendum difficillimis offensionem religiosarum aurium pertimescunt. Nobis autem ad certam regulam loqui fas est; ne verborum licentia etiam de rebus, quæ his significantur, impiam gignat opinionem. — *Tract. adv. Joan. Montesonem ad calcem magistri sentent.*

traduits et qu'ils eurent aussi pénétré en France par la voie d'Espagne, où les Arabes en faisaient un cas singulier, on les étudia, on s'en remplit.

» Bientôt se fit sentir l'INCONVÉNIENT DE CETTE DOCTRINE D'UN PHILOSOPHE PAÏEN, REÇUE DANS LES ÉCOLES CHRÉTIENNES. On se prévenait de mauvais principes dans les études philosophiques, et on les portait dans la théologie ; quelques-uns allèrent jusqu'à une incrédulité marquée, témoin Simon de Tournai, maître célèbre sur la fin du douzième siècle et au commencement du treizième ; témoin les erreurs d'Amauri de Bène en 1204, que l'Université proscrivit, et dont elle obtint du pape Clément III la condamnation.

» On remonta à la SOURCE DU MAL, et on pensa que les livres d'Aristote touchant la métaphysique avaient contribué à inspirer le mépris de la religion chrétienne, et pouvaient encore produire le même effet par la suite. L'Université défendit de les lire, de les copier, et l'on brûla les exemplaires que l'on put trouver. C'est conséquemment à ce décret que Robert de Courçon, légat du pape Innocent III, en 1215, interdit la lecture dans les écoles des livres de physique et de métaphysique d'Aristote. En 1231, le pape Grégoire IX se contenta d'en suspendre la lecture, jusqu'à ce qu'ils fussent corrigés. On voit dans ces condamnations une diminution successive de sévérité. La première est la plus rigoureuse, les autres vont en s'adoucissant. IL PARAÎTRA PAR LES FAITS QUE LA PLUS SÉVÈRE ÉTAIT LA PLUS SAGE [1]. »

[1] *Éloge historique de l'Université*, p. 32.

CHAPITRE VI.

CAUSE DES TENTATIVES DU RATIONALISME AVANT LA RENAISSANCE.

Importance de nos recherches. — Quatrième phase de la fortune d'Aristote : autorisation et même ordre d'enseigner à la jeunesse plusieurs de ses ouvrages, entre autres sa Métaphysique. — Résultat de cette concession. — Témoignage de Gerson et de Clémengis. — Cinquième phase de la fortune d'Aristote : ordre d'enseigner sa morale et la plupart de ses traités. — Nouveaux résultats de cette concession. — — Témoignage de Trithème et de l'archevêque de Rouen. — Occasion du Protestantisme — Résumé : quatre faits principaux.

Comme il arrive trop souvent, la condescendance de l'Église servit de prétexte pour arracher de nouvelles concessions. Et pourtant, avant la fin du treizième siècle, il avait fallu proscrire un système entier d'erreurs, basé sur Aristote et enseigné par plusieurs maîtres. C'est ce qui provoqua la condamnation émanée de l'évêque de Paris, Étienne Tempier, en 1277, ainsi que la bulle fulminante de Jean XXI, de la même année. Dans cette bulle, le souverain pontife blâme fortement les théologiens de Paris, et interdit, en vertu de son autorité suprême, le mélange des opinions philosophiques avec la doctrine céleste que nous avons apprise par la Révélation [1].

En 1366, les cardinaux de Saint-Marc et de Saint-Martin, commissaires du pape Clément V pour réformer l'Université de Paris, indiquent pour la première fois les ouvrages d'Aristote qu'il est formellement enjoint d'expliquer. Parmi ces derniers figurent la Métaphysique et quelques traités de philosophie naturelle [2]. Ainsi, *quatrième* phase de la fortune d'Aristote : autorisation et même ordre d'enseigner à la jeunesse plusieurs de ses ouvrages, entre autres sa Métaphysique.

Cette nouvelle concession, arrachée sans doute par les circonstances, fut loin de tourner à l'avantage de ceux qui l'avaient sollicitée. Des contentions incessantes, la triste manie de subtiliser, des puérilités et des sophismes, si amèrement reprochés dans la suite aux théologiens scolastiques; tout cela succédant à la méthode d'exposition, à la gravité, à la simplicité majestueuse de l'enseignement primitif; tels furent pour un grand nombre d'esprits

[1] *Éloge historique de l'Université*, p. 32.

[2] Statuimus auctoritate (apostolica) quod scholares antequam ad determinandum in artibus admittantur... audiverint veterem artem totam... Item librum de generatione et corruptione, de cœlo et mundo, librum metaphysicæ, etc. — *Mss. Acad. Paris.*

les résultats de leur commerce passionné avec Aristote. C'est là le reproche trop fondé qu'adresse à ses collègues mêmes, le célèbre chancelier de l'Université de Paris, Gerson [1].

Un autre inconvénient plus grave fut l'autorité magistrale acquise à Aristote. Plusieurs juraient sur sa parole et semblaient attacher autant de valeur à ses maximes qu'aux oracles de l'Écriture. La raison humaine se substituant peu à peu à la raison divine, commençait visiblement le règne fatal du Rationalisme. « Suivant l'expression de l'Apôtre, écrivait un disciple de Gerson, nos théologiens languissent autour de questions de mots et de cliquetis de paroles, ce qui est le propre des sophistes et non des théologiens. Ils cherchent les trésors de la science parmi les *ronces et les broussailles de la philosophie humaine*, au milieu desquelles ils languissent et meurent de faim..... parce qu'ils n'y trouvent pas de fruits, ou s'ils en trouvent, ces fruits sont semblables aux pommes de la mer Morte, belles au dehors, mais au dedans remplies d'une poussière infecte...

[1] Cur ob aliud appellantur theologi nostri temporis, sophistæ verbosi et phantastici, nisi quia relictis utilibus et intelligibilibus pro auditorum qualitate transferunt se ad nudam logicam, vel metaphysicam, aut etiam mathematicam, ubi et quando non oportet... Quæ etsi vera essent et solida, sicut non sunt, ad subversionem tamen magis audientium, vel irrisionem, quam ad rectam fidei ædificationem sæpe proficiunt. — *Lect. in Marc.*

Un grand nombre de scolastiques en sont venus à faire si peu de cas des témoignages les plus inébranlables de l'Écriture, qu'un raisonnement fondé sur une semblable autorité leur paraît faible et vulgaire, et qu'ils l'accueillent par des mépris et des sifflets; comme si les inventions et les rêveries de la sagesse humaine étaient d'un plus grand poids[1]! »

Ces réclamations n'arrêtèrent pas la marche triomphale d'Aristote. En 1452, le cardinal Totavillas, chargé de réformer l'Université de Paris, crut devoir ajouter une nouvelle concession à celles que nous avons rapportées. Confirmant les règlements de ses prédécesseurs immédiats, il prescrit, en outre, d'enseigner la Morale d'Aristote[2]. Ainsi, *cinquième* phase de la fortune d'Aristote : ordre formel d'enseigner à la jeunesse sa morale et la plupart de ses ouvrages.

Nous avons suivi dans sa marche tortueuse l'élément rationaliste, depuis le treizième siècle jusqu'à

[1] Nunc autem plerosque videmus scholasticos sacrarum inconcussa testimonia Scripturarum, tam tenuis æstimare momenti, ut ratiocinationem ab auctoritate ductam vel inertem et minime acutam, sibilo ac subsannatione irrideant, quasi sint majoris ponderis, quæ phantasia humanæ imaginationis adinvenit. — Nicol. Clemeng., *In op. Ms. de instituendo theologiæ studio.*

[2] Specialius autem mandamus, quatenus ipsi scholares diligentius insistant metaphysicalibus libris et moralibus addiscendis, alioquin in tentamine volumus et mandamus illos, ut mereantur, repelli. — *Mss. Acad. Paris.*

la Renaissance. Avant de montrer ce germe fatal devenu un grand arbre au souffle des Grecs de Constantinople, signalons encore les ravages qu'il avait produits en Europe. Le célèbre Jean Trithème proclame que c'est à partir d'Abeilard que la philosophie d'Aristote a commencé de SOUILLER LA THÉOLOGIE[1]. Sans nul doute, cette plainte ne s'adresse pas à tous les théologiens, mais à ceux qui, ne tenant pas compte des sages prescriptions des papes Grégoire IX et Jean XXI, introduisirent l'élément sophistique et rationaliste dans l'enseignement de la science sacrée.

Un illustre archevêque de Rouen, presque contemporain de ces théologiens dont nous parlons, expose ainsi les fruits de leur méthode. « On a creu s'assurer, se fortifier et fuir les erreurs de quitter l'Escriture et les Pères, pour estudier cette théologie méthodique ou plustôt nominale, qui a cours en nostre temps : ET L'ON S'EST BIEN LOURDEMENT TROMPÉ. Pour fuir ainsi ce doute, ils tombent dans la présomption, qui s'accompagne toujours d'une excessive hardiesse; ils affaiblissent la religion, s'appuyant sur de faibles raisons, et, au lieu d'erreurs pardonnables à l'ignorance, qui arrivent à des gens qui ne prétendent

[1] A temporibus Abaelardi secularem id est Aristotelicam philosophiam cœpisse sacram theologiam inutili sua curiositate fœdare. — Lib. *De script. eccles.*

pas sçavoir tout, comme plusieurs de l'antiquité en ont eu, sans que cela ait porté préjudice à l'Église, nous voyons un gouffre de téméritez modernes et d'erreurs gnostiques plus dangereuses que les huguenotiques, qui pullulent entre les bandes scholastiques, dont j'attends à dire mon advis, quand je me verrai environné d'un concile [1]. »

L'esprit raisonneur, la présomption, la suffisance, l'affaiblissement des preuves de la religion, un gouffre de témérités et d'erreurs souverainement dangereuses, tels étaient, au jugement du savant évêque, les résultats de la philosophie païenne dans un grand nombre d'écoles de théologie, au moment de la Renaissance. Lorsqu'on entendra Luther déclamant contre la théologie et la philosophie scolastique, appeler Aristote *un maître en diable, une peste, un suppôt de l'enfer*, il faudra sans doute faire la part de l'exagération ; mais on ne pourra s'empêcher de convenir que ses accusations n'étaient pas tout à fait sans fondement.

N'oublions pas qu'à son début le Protestantisme se donna comme la réaction légitime contre une méthode d'enseignement si mal notée, même par les catholiques les plus éminents. Ce fut là, ainsi que nous l'avons montré, son premier, son grand cheval de bataille. De ce fait, trop peu remarqué, il résulte

[1] *Fr. archiep. Rotomag.*, t. III, *De myster. Eucharist.*

que la philosophie païenne, sévèrement bannie par les Pères de l'Église et rappelée peu à peu dans les écoles du treizième et du quatorzième siècle, peut revendiquer une grande part dans les calamités qui ont désolé l'Europe chrétienne.

En résumé, l'histoire de l'esprit humain en Occident, depuis l'établissement de l'Évangile jusqu'à la Renaissance, signale quatre faits principaux. Le premier, *qu'il y eut dans le cours du moyen âge plusieurs tentatives de Rationalisme.* On voit même s'agiter dans les bas-fonds de la société les germes de la plupart des erreurs modernes, césariennes, communistes, panthéistes, révolutionnaires. Il n'en pouvait être autrement, car la racine du mal est toujours vivace au cœur des fils d'Adam. Mais, d'une part, les hommes en qui se personnifièrent ces erreurs furent relativement peu nombreux; d'autre part, l'opinion générale ne les donnait pas comme des génies admirables, dont les paroles étaient des oracles et les actions des règles de conduite. On ne traduisait leurs leçons ni en romans pour pervertir le foyer domestique, ni en pièces de théâtre pour corrompre la multitude. La société ne faisait rien pour les propager; au contraire, elle prêtait docilement son bras à l'Église pour arracher la zizanie.

Le second, *que les tentatives de Rationalisme, plus ou moins locales et plus ou moins éphémères, ne chan-*

gèrent pas l'esprit profondément chrétien de cette époque, et ne firent jamais du moyen âge un libre penseur. La preuve en est palpable; jamais les trois grandes manifestations du Rationalisme, la négation du principe d'autorité en philosophie, le Naturalisme en religion, le Césarisme en politique, ne parvinrent à se faire jour ni d'une manière complète, ni, à plus forte raison, d'une manière permanente. De toutes les questions qui passionnèrent alors les esprits, la plus formidable, sans contredit, est celle des *Nominaux*, soulevée par Roscelin et combattue par les *Réalistes*. Elle pouvait conduire au Panthéisme ou au Matérialisme. Toutefois, malgré les troubles qu'elle occasionna dans les écoles, elle ne produisit, grâce à l'action souveraine du principe d'autorité, ni un matérialiste, ni un panthéiste avoué.

Le troisième, de grandissime importance, *que les tentatives de Rationalisme au moyen âge furent invariablement déterminées par le commerce de l'intelligence chrétienne avec les philosophes païens.* Mais, comme ce commerce dangereux n'était qu'un fait particulier et accidentel, la philosophie de cette époque se montre, dans son ensemble, fidèle à son glorieux nom de servante de la foi, *ancilla fidei.* Sauf quelques exceptions, tous ses travaux tendent à prouver, à élucider, et non à combattre les vérités qui sont le principe et la sanction de l'ordre religieux et de l'ordre social. « Héritière du fond, sinon de la forme de la philosophie des Pères de l'Église, la philosophie du moyen âge, dit le savant Moeller, s'appuyant sur des croyances inébranlables, resta toujours la même quant aux principes. Elle gagna ainsi, par des travaux séculaires, une grandeur et une étendue qui n'ont jamais été égalées par aucune autre philosophie [1]. »

Le quatrième, *que les tentatives de Rationalisme au moyen âge devinrent plus nombreuses et plus graves à mesure que le contact avec la philosophie païenne fut plus habituel et plus intime*. Néanmoins, les Rationalistes proprement dits, tels que nous les connaissons de nos jours et tels qu'ils se définissent eux-mêmes, furent inconnus pendant cette longue période et jusqu'à la Renaissance.

Telle est la première partie du témoignage de Thomasius, de Spizélius, de Bayle, de Voltaire et de tous les libres penseurs modernes; nous venons de voir que l'histoire leur donne complétement raison. Mais ce n'est pas tout. Non-seulement ils affirment avec vérité que le Rationalisme était inconnu de l'Europe chrétienne avant la Renaissance, ils soutienent encore que c'est au quinzième siècle qu'il fit son apparition en Italie, avec les Grecs

[1] *État de la philosophie moderne en Allemagne*, p. 4.

chassés de Constantinople; et que de là il s'est répandu dans tous les pays, où il est devenu très-commun. Telle est la seconde partie du témoignage que nous examinons : pour le vérifier, continuons d'interroger l'histoire.

CHAPITRE VII.

LE RATIONALISME DEPUIS LA RENAISSANCE. — ITALIE.

Il reparaît tel qu'il se montra dans les écoles de philosophie païenne, dont il renouvelle dès le principe les plus graves erreurs. — Rationalisme politique. — Formulé par Machiavel. — Répandu partout. — Témoignages. — Rationalisme philosophique enseigné dès la Renaissance et par les Renaissants. — Témoignages : Spizélius, Pierre Mathieu. — Principaux Rationalistes italiens : Pomponace, Portius, Césalpin, Vernia, César de Crémone, Simon Simonius, Pierre Arétin, Nanno, Oréfo, Côme de Médicis, Machiavel, Pomponius Lætus, Calderino, Bruno.

Sur le point qui nous occupe, les enseignements de l'histoire se résument ainsi : « Soixante ans à peine sont écoulés depuis l'arrivée des Grecs de Constantinople, et le Rationalisme compte en Italie de nombreux sectateurs. Il fait plus ; s'élevant d'un seul bond à son plus haut développement, il reproduit au centre même de la catholicité les plus monstrueuses erreurs de la philosophie païenne : la mortalité de l'âme, le fatalisme, le scepticisme et le panthéisme. De ces erreurs fondamentales en découlent une foule d'autres qui, suivant l'expression même du concile de Latran, ne tendent à rien moins qu'à ruiner le Christianisme et la société de fond en comble. En attendant, le Rationalisme devient en politique, le Césarisme ; en philosophie et en religion, le Libre Penser : dans les arts, dans la poésie, dans la littérature et bientôt dans les mœurs, le Sensualisme, dont le type ne se trouve que dans l'antiquité païenne. Cela se passait, ne l'oublions pas, plusieurs années avant Luther, qui, dans ses plus grands excès, n'alla jamais aussi loin. » Venons aux preuves.

Quant au Rationalisme ou plutôt à l'Athéisme politique qui ravage aujourd'hui l'Europe, l'histoire établit, avec la dernière évidence, qu'il remonte, NON PAS A LUTHER, mais à Machiavel [1]. C'est lui qui, condensant dans ses ouvrages les germes du Césarisme répandus en Europe, l'a érigé en système. C'est lui qui en a rédigé la formule, qui en a dressé le catéchisme, qui l'a fait prévaloir d'abord dans les cours de France et d'Italie, et de là dans toutes les autres. C'est lui qui, foulant aux pieds la distinction chrétienne des deux pouvoirs, a proclamé la doctrine païenne de l'absorption du pouvoir spirituel par le pouvoir temporel, de l'Église dans l'État, de la religion simple instrument de règne, avec ses

[1] « C'est Machiavel Florentin, dit Gentillet, qui lui a donné son nom. »

conséquences, également fatales aux rois et aux peuples.

C'est dans ses écrits et dans ceux de ses premiers disciples qu'on trouve ces définitions athées de la religion : « Culte sacré introduit par les magistrats pour maintenir la paix dans l'État ; — Opinion sur Dieu et le culte qui lui est dû, pieusement établie pour conserver la tranquillité publique; — Manière d'honorer Dieu approuvée par le pouvoir public, principalement dans le but de maintenir les sujets dans le devoir et la république dans le repos; — La religion politique est un culte de la Divinité faux et simulé, éloquemment défendu par les prêtres, et fortement par les rois, pour conserver et accroître le bien-être public et privé [1]. »

En présence de ces définitions scandaleuses qui avaient cours dans la plupart des ouvrages politiques, le savant Stapleton s'adressait sérieusement cette question : « Les politiques de nos jours doivent-ils être comptés parmi les chrétiens? » Et il répond : « Les politiques sont ceux qui préfèrent à la religion les intérêts de la chose publique et de la chose privée, et qui, regardant la religion comme rien, cachent cette flagrante impiété sous le beau masque de la prudence civile et de la politique; en sorte que les poli-

[1] Daniel Classen, *Relig. Polit.*

tiques ne sont autre chose que des athées [1]. » « Les athées qui gouvernent aujourd'hui les royaumes, continue le célèbre Contzen, se glorifient du nom de politiques [2]. » « De ces athées, les cours de l'Europe sont pleines, » ajoute Guezarra [3]. Nous n'insisterons pas davantage sur cette triste vérité, surabondamment prouvée dans notre histoire du *Césarisme*.

S'agit-il du Rationalisme philosophique, c'est-à-dire de l'émancipation de la raison en matière de croyance divine et humaine, l'histoire lui assigne invariablement la Renaissance pour origine dans toute l'Europe. « Ce furent, dit Spizélius, les professeurs de belles-lettres et de sciences qui, à l'époque de la Renaissance, inoculèrent, sous le couvert de l'autorité des anciens, le poison de l'athéisme à l'imprudente jeunesse [4]. » Accourue de toute part

[1] An politici horum temporum in numerum christianorum sint habendi? Politici sunt hi qui rei privatæ et publicæ curam religioni anteponunt, adeoque religionem ipsam nullo loco ducunt, atque huic tam perspicuæ impietatis politicæ et prudentiæ civilis honestissimam vestem imponunt, ut politici dicantur qui athei sunt. — *In orat. acad.*

[2] Athei qui rempublicam administrant politicos se nominari gaudent. — Ad Contz., lib. II, *Politic.*, 4, c. XIV.

[3] *Tract. contempl. aulæ.*, *id.* Contz. *Traité du courtisan.*

[4] Renascentibus litteris... nonnulli earum professores cum nobilissimis illis disciplinis atheismos suos imperitis prætextu auctoritatis antiquorum propinarunt. — *Scrutin. atheis.*, p. 22, édition in-12, 1663.

aux écoles d'Italie, elle but à longs traits à la coupe fatale; et, de retour dans leur pays, ces jeunes gens y répandirent la contagion : l'Italie fut la première infectée. « Dans ce pays, dit un de nos anciens chroniqueurs, il ne manque pas d'esprits assez libertins pour ne croire qu'à ce qu'il leur plaît, pour honorer Dieu à leur manière et ne s'en rapporter qu'à leur propre jugement. Leur foi sur l'âme consiste à croire qu'il faut jouir et se livrer aux voluptés. Ils comparent le souffle qui nous anime à un grain de sel destiné à préserver le corps de la corruption. En conséquence, leur unique soin est de vivre comme des bêtes. Ils cherchent à se persuader que l'âme n'existe pas, et qu'il n'y a pas de Dieu témoin et vengeur du vice [1]. »

Un autre auteur contemporain écrit : « Si vous cherchez des athées, vous n'en trouverez nulle part un plus grand nombre qu'en Italie. Infatués des auteurs païens, il serait plus facile de leur prouver, avec Homère ou Virgile, l'existence du Purgatoire, qu'avec l'Évangile la résurrection des morts [2]. »

Si des généralités on veut descendre aux noms propres, la liste est infinie. Citons seulement quel-

[1] Pierre Mathieu, *Hist. de Henri II*, liv. VII, § 8.

[2] Si atheos quæris, nusquam plures quam in Italia invenies, quibus facilius ex Homero aut Virgilio purgatorium persuaseris quam resurrectionem mortuorum. — Apud Spiz., t. I, p. 22.

ques-unes des célébrités qui dominèrent cette époque et donnèrent le ton à l'esprit public, comme Voltaire et Rousseau le donnèrent eux-mêmes à leur siècle. Était-il autre chose qu'un libre penseur, ce Pomponace, « le plus grand philosophe de son temps, comme dit M. Matter, qui détache la religion des doctrines morales, dont les enseignements se résument en deux mots : *affranchir la philosophie des dogmes de la religion* [1] ; » et qui, avec une audace jusqu'alors inouïe dans l'Europe chrétienne, attaque l'immortalité de l'âme, la Providence et les miracles?

Et l'élève de Pomponace, Simon Portius, qui, au grand scandale de l'Église, enseigne dans un traité *ad hoc* que l'âme meurt avec le corps : « Ouvrage, dit Gesner, plus digne d'un pourceau que d'un homme [2]? »

Et le contemporain de Portius, André Césalpin, qui ose soutenir le fatalisme aussi bien en Dieu que dans l'homme, et qui, faisant du libre arbitre une chimère, fait de l'homme une machine et devient le précurseur de Spinosa [3]?

[1] *Hist. des scienc. moral. et politiq.*, etc., t. I.

[2] In suis enim dissertationibus *de anima et mente humana*, animas cum corpore vere interituras, magno Ecclesiæ scandalo, credebat. Quapropter opus istud impium et porco non homine auctore dignum, in bibliotheca judicat Guesnerus. — Thom., *Hist. phil. atheis.*, p. 158; de Thou, lib. XIII, p. 276; Brucker, lib. II, p. 434.

[3] On peut s'en convaincre en lisant ses *Quæstiones peripateticæ*, ou l'ouvrage de Samuel Parker, *Disputatio de Deo et Providentia.*

Et le fameux Vernia, professeur de philosophie à Venise, qui enseigne à la jeunesse l'âme universelle des anciens? « Et cela, dit Brucker, avec un tel succès, que, suivant l'opinion d'un grand nombre, PRESQUE TOUTE L'ITALIE était imbue de cette monstrueuse erreur, à laquelle il ajoute la négation d'êtres immatériels, excepté les intelligences motrices des sphères? Non content de professer de vive voix de pareilles impiétés, il les consigne dans son livre de l'*Intelligence et des Démons*[1]. »

Et l'émule des précédents, César de Crémone, l'oracle philosophique de l'université de Padoue, auquel ses plus intimes amis reprochent d'avoir été un homme sans aucune religion, et qui dans le secret s'en faisait gloire, niant l'immortalité de l'âme, la Providence, et enseignant, comme Vernia, la chimère de l'âme universelle? Janus à double face qui disait: *Quand j'enseigne ces doctrines, je parle en philosophe; mais je me soumets au jugement de l'Église.* « Ces protestations, remarque Brucker, ne doivent tromper personne. La crainte des inquisiteurs commandait une pareille précaution. Elle fut la ressource de tous les Italiens de cette époque qui voulaient professer

[1] ..... Opinionem de unico intellectu ita confirmare argumentis validis et numerosis consuevisse, ut omnes plebei et minuti philosophi dictarent in vulgus eum totam pene Italiam in hunc perniciosum errorem compulisse. — Brucker, lib. II, c. III, p. 186.

l'erreur sans encourir les censures de l'Église. Mais dans le for intérieur, ils conservaient toute l'indépendance du Libre Penser. C'est au philosophe de Crémone qu'on attribue la maxime suivante, renouvelée de Cicéron, et qui leur servait de règle à tous: *Dans l'intimité on pense ce qu'on veut, en public suivant l'usage*[1]. »

Et Simon Simonius de Lucques, professeur de philosophie à Genève, d'où il est obligé de fuir en Allemagne, puis en Pologne, semant partout l'athéisme? En 1588 parut une brochure dont le titre seul fait connaître la réputation que cet homme laissait après lui : « Abrégé de la religion de Simon Simonius, natif de Lucques; d'abord catholique, ensuite calviniste, puis luthérien; enfin de nouveau catholique, et toujours athée[2]. »

Et Pierre Arétin, dont les écrits, dignes de Voltaire, sapent également l'ordre religieux et l'ordre social;

[1] ... Hanc enim elabendi rimam servaverunt quotquot in Italia impietatem aristotelicæ philosophiæ pro summa sapientia habuerunt... Quis, quæso, ignorat ut inter omnes, proh dolor! gentes, ita imprimis inter Italos, maxime inter eos qui peripatetismo ex animo addicti fuerunt, eam, quæ Cremonio tribui solet, apud impietatis cultores regulam invaluisse : Intus ut libet, foris ut moris est. — *Id.*, *id.*, p. 228.

[2] Simonis Simonii Lucencis, primum romani, tunc calviniani, deinde lutherani, denuo romani, semper autem athei summa religio.

Arétin qui, dans son trop fameux ouvrage des Trois imposteurs, *de Tribus impostoribus*, porte le cynisme de l'impiété à un degré qu'on n'avait jamais vu et qui n'a pas été dépassé? On sait que, pour peindre ce rationaliste audacieux, on lui fit l'épitaphe suivante : « Ci-gît Arétin, qui dit du mal de tout le monde, excepté de Dieu; mais il s'excusa en disant: Je ne le connais pas [1]. »

Et Cardan de Pavie, médecin, astrologue, grand joueur, philosophe, dont un historien a dit : « Homme sans ombre de foi ni de religion; en son temps, prince des athées de second ordre qui se cachaient dans l'ombre [2]? »

Et ces deux Florentins, si connus de leur temps, Nanno Grosso et Luca Orefo? Pendant toute leur vie ils font profession ouverte d'athéisme; puis au moment de la mort, joignant la raillerie à l'impiété, l'un demande un crucifix à baiser, mais à la condition expresse qu'il fût de Donatelli, et l'autre se recommande à l'être le plus puissant, Dieu ou le diable,

1 Qui giace l'Aretino poeta tosco
Che d'ognun' disse mal, che di Dio
Scusandosi col dir : Io non lo conosco.

Apud Giusep. Pazzi, *Continuazione della monstrosa farina.* — Edit. Venet., 1609.

2 Homo nullius religionis ac fidei et inter clancularios atheos secundi ordinis ævo suo facile princeps. — *Theoph. Reginald. Erotem*, IV. *De bonis ac malis libris*, n. 44.

en proférant ce dernier blasphème : « Que le plus fort m'emporte, *chi più puo, più tiri*[1]. »

Et, s'il faut en croire plusieurs historiens, Côme de Médicis, le père de la Renaissance? Averti au moment de la mort de craindre le jugement, il se mit à rire aux éclats en disant : « Imbéciles, retirez-vous. Il n'y a d'autres diables que nos ennemis, ni d'autres dieux que les rois et les princes. Des premiers vient le mal que nous souffrons; les seconds seuls peuvent nous faire du bien[2]. »

Et Machiavel, qui, après avoir donné l'athéisme politique comme base gouvernementale, disait en mourant qu'il aimait mieux aller en enfer avec les philosophes, les orateurs et les capitaines de l'antiquité, qui furent tous de grands hommes, que d'être au ciel avec les saints du christianisme, dont la plupart n'eurent ni génie ni talent[3]?

Et Pomponius Lætus qui, à Rome même, au pied du Quirinal, élevait un autel à Romulus; qui célébrait par des cérémonies religieuses la fête de la fondation de Rome païenne, comme les chrétiens célèbrent la fête de Noël; qui instituait une académie de Rationalistes, où l'on mettait en discussion les dogmes les plus sacrés; qui déclarait que le chris-

[1] Jo. Batt. Gello, dial. II, *Chimer. del. Botajo.*

[2] Jo. Leti, *Istor. universal.*, p. 716; *id.*, *Thuan. supplem.*

[3] Thomas, *Hist. atheism.*, p. 171.

tianisme n'était bon que pour des barbares[1]; qui pleurait d'attendrissement à chaque découverte de quelque vieille statue des dieux et des déesses, et s'écriait : *O monument des beaux jours de l'humanité*[2]? « Insensé et impie! s'écrie à son tour un docteur catholique. Les beaux jours de l'humanité sont donc pour toi ceux où régnèrent les empereurs païens, ou plutôt les bêtes féroces appelées Césars! Et tu les préfères au règne de Jésus-Christ, aux jours de salut si longtemps désirés par les patriarches et les prophètes! »

Pour en finir avec tous ces Italiens plus ou moins célèbres qui formèrent, ou plutôt qui pervertirent, l'esprit public au quinzième siècle et au commencement du seizième, citons encore Domizio Calderino. Cet homme en était venu à une telle antipathie pour le Christianisme, qu'il ne pouvait même plus assister à la messe, disant à ses amis, lorsqu'il les y accompagnait par complaisance : « *Allons à l'erreur commune*[3]. »

Après lui apparaît, entre beaucoup d'autres, Jordano Bruno, qui exprime hautement les secrètes pen-

[1] Voir la seconde livraison de la *Révolution*.

[2] Quoties autem aliquod marmor vetus, aliquod simulacrum deorum dearumve effodiebatur ex ruinis Urbis illacrymabat; rogatus cur id ageret: admonitus, inquit, temporum meliorum, etc.— *Gabr. Putherb. in Theotim.*, lib. I, p. 78. — [3] *Id.*, *id.*

sées de toute cette génération de Rationalistes. Son ouvrage *Spaccio della Bestia trionfante* n'a été dépassé en cynisme antireligieux ni par les philosophes du dix-huitième siècle, ni par les impies modernes. Arrêté à Venise en 1598, le missionnaire fanatique du Libre Penser est envoyé à Rome, où il reste deux ans prisonnier. Vainement on épuise tous les moyens pour lui faire rétracter ses erreurs. Condamné au feu, il détourne la tête du crucifix qu'on lui présente, et meurt dans l'impénitence.

Cette nomenclature, qu'on pourrait étendre beaucoup, dit assez ce qu'étaient sous le rapport de la foi la plupart des sommités philosophiques de l'Italie au quinzième et au seizième siècle. Quelle fut l'influence de ces libres penseurs, la plupart écrivains féconds et professeurs renommés, qui voyaient autour de leur chaire une jeunesse nombreuse accourue de toutes les parties de l'Europe, l'histoire va nous le dire.

CHAPITRE VIII.

LE RATIONALISME DEPUIS LA RENAISSANCE. — ITALIE.

Rationalisme dans les mœurs ou émancipation de la chair. — Ses ravages. — Le prince de Parme et sa cour. Niphus, Politien, Alexandre Piccolomini, Bembo, Béroald, Gregorio Leti, Bolzanio, Pogge.

Le Rationalisme est l'apothéose de la raison humaine. Or, l'homme ne déifie sa raison que pour déifier sa volonté et émanciper sa chair : c'est un fait d'expérience générale. De là, dans l'antiquité comme dans les temps modernes, trois grandes manifestations du Rationalisme : le *Césarisme* en politique ; l'*Incroyance* en religion ; le *Sensualisme* en morale. Autour des libres penseurs italiens qui enseignent plus ou moins ouvertement l'émancipation de la raison en matière de doctrine, on voit se grouper et les Rationalistes qui émancipent la volonté de l'homme en politique, et ceux qui émancipent sa chair avec toutes ses concupiscences. Ces derniers pullulent dans les universités et dans les cours italiennes des quinzième et seizième siècles, comme les obscénités païennes dans les galeries et les villas.

Tous ces Rationalistes pratiques traduisent sans honte la philosophie du Libre Penser, dans leur langage et dans leurs mœurs.

Ainsi, le prince de Parme et ses nombreux courtisans ne connaissent d'autre foi que l'athéisme, d'autres règles des mœurs que les vertus romaines et une licence effrénée[1].

L'adversaire officiel de Pomponace, Niphus, qui fit tant de bruit en Italie, se donne dans ses écrits pour le disciple d'Aristote, mais il montre par sa conduite qu'il est surtout le disciple d'Épicure. A l'exemple de beaucoup d'autres, il se fait gloire d'avoir été toute sa vie publiquement esclave des passions les plus honteuses[2].

A la cour même des Médicis, Politien, l'oracle des lettrés de son époque, qui, accusé d'avoir dit : *Je n'ai lu qu'une fois la Bible, et jamais je n'ai mieux perdu mon temps*, passe sa vie à résoudre la grave question de savoir s'il faut écrire *Vergile* ou *Virgile*, *Carthaginensis* ou *Carthaginiensis*. Ses loisirs sont

[1] In domo principis Parmensis atheismus et aliæ virtutes romanæ in deliciis habebantur, et hujusmodi libertatem nusquam uberius invenias quam apud hæredes Petri A'oysii. — *Apol. Wilhelm., princip. arausic.*, p. 66.

[2] ... Feminarum amoribus quibus se a juventute usque ad senectutem semper deditum fuisse candide fatetur... — Naud. *In judicio de Aug. Nipho ejus. operib. moral. præfixo*, p. 31 ; et Tiraboschi, t. VII, p. 432.

employés à composer des quatrains obscènes en l'honneur de Vénus et de Cupidon, ou des vers galants en l'honneur de sa maîtresse, et son cœur brûle jusqu'à la mort des flammes les plus impures [1].

[1] Semel perlegi librum illum, et tempus nunquam pejus collocavi. Politianum tota sacra lectio offendebat; interim religiose quærebat ac quiritabatur etiam dicendum sit : Carthaginensis an Carthaginiensis; scribendum primus an preimus; intelligo an intellego; Virgilius an Vergilius, etc., et de his nugis instruebat centurias, quibus ordinandis defessus, transferebat se ad componendum festivum aliquod epigrammation de mascula Venere græcum, ut haberet plus Veneris, et Latini non intelligerent... O hominum curas, propter quas merito pietatem vel contemnerent vel negligerent!... Epigramma aliquod in Cupidinis aut præposteræ Veneris laudem composuit. Ferunt eum ingenui adolescentis insano amore percitum, facile in lethalem morbum incidisse; correpta enim cithara cum eo in medio et rapido febre torreretur, supremi furoris carmina decantavit, ita ut mox delirantem vox ipsa et digitorum nervi et vitalis denique spiritus inverecunda urgente morte desererent. — Spiz., p. 65; Gabr. Putherb., *In Theotim.*, lib. I, p. 81; Vives, *De verit. fidei*, lib. II; Paul Jov., *Elog.*, p. 83; édit. in-12.

Voici un échantillon des *poésies légères* de Politien; c'est l'épigramme intitulée : *In violas a Venere mea dono acceptas*, *Oper. Angel. Polit.*, t. II, p. 309.

Molles o violæ, Veneris munuscula nostræ
    Dulce quibus tanti pignus amoris est.
Felices nimium violæ, quas carpserit illa
    Dextera, quæ miserrimum me mihi rapuit.
Quas roseis digitis formoso admovit ori
    Illi, unde in me spicula torquet amor, etc., etc.

Si le sensualisme païen envahissait le sanctuaire même, on peut juger des ravages qu'il faisait parmi les laïques. Comment raconter la vie et analyser les écrits de la plupart des lettrés italiens de cette époque? Si on veut en avoir quelque idée, on peut consulter Tiraboschi, dans son *Histoire de la littérature italienne.* Non contents de se livrer ouvertement au libertinage, un grand nombre employaient leurs loisirs à le chanter en vers et en prose.

L'Arioste remplit ses poésies de tant d'obscénités, que le cardinal Hippolyte d'Este ne put s'empêcher de lui adresser cette question : *Messer Lodovico, dove diavolo havete pigliato tante coionnerie*[1] ?

Léonard Arétin compose la pièce infâme entre toutes intitulée : *Harangue d'Héliogabale aux courtisanes.*

Alexandre Piccolomini, que les Italiens, d'accord avec Boccalini, appellent le premier de leurs poëtes comiques, donne des pièces de théâtre telles qu'on rougirait même de les analyser. Sans doute on aime à penser avec le P. Nicéron qu'elles virent le jour pendant la jeunesse de l'auteur. Mais, d'une part, on ne voit pas qu'aucun de ses contemporains lui en ait fait un crime; d'autre part, elles n'en existent pas moins, et leur mérite littéraire ne les rend que plus dangereuses. Aux *tragédies* et aux *comédies,*

[1] Naudée, *Apol. des grands hommes*, ch. VII.

Piccolomini ajoute des *sonnets* et des *traités* remplis des maximes les plus lascives et les plus coupables. Nous citerons entre autres son *Orazione in lode delle donne*, puis, son *Dialogo dove si raggiona della bella creanza delle donne.*

Bembo, le cicéronien par excellence, remplit ses *Carmina* et ses *Epistolæ familiares* des pensées les plus licencieuses. « Paul III voulut le nommer cardinal, dit le P. Nicéron, mais quelques personnes jalouses de l'honneur de l'Église représentèrent au pape que les mœurs et les écrits de Bembo étaient *plus dignes d'un païen que d'un chrétien.* Ces discours firent impression sur le pontife, qui laissa Bembo à l'écart. On ne peut excuser ses poésies, continue naïvement le bon père Nicéron, qu'en disant que Bembo les a composées dans sa jeunesse et étant encore laïque : *ce qui paraît fort probable*[1]. » Ce qui est certain, c'est qu'il les a composées et qu'il n'en avait trouvé ni le goût ni le modèle dans les auteurs chrétiens, mais dans les auteurs païens, et surtout dans un des plus licencieux, Térence, dont il faisait son idole. Les Asolins, *gli Asolani*, sont avec les *Rime* les ouvrages de Bembo les plus répandus et aussi les plus dangereux : ce sont des entretiens sur l'amour. « Dès leur apparition, dit Impériali, ils eurent tant de vogue parmi les hommes et les femmes, qu'on aurait passé

[1] *Mém.*, art. *Bembo.*

alors en Italie pour ne savoir point le monde, si on ne les avait pas lus[1]. » Cette réflexion est un trait de lumière, elle nous découvre l'état des mœurs et de l'esprit public en Italie, moins d'un demi-siècle après la renaissance du paganisme, et plusieurs années avant Luther.

Pendant que Bembo, à Venise et à Padoue, propage le culte de la volupté, Béroald le chante et le pratique à Bologne, en présence de la nombreuse jeunesse de cette université. Franc libertin, les jours de sa vie qu'il ne donne pas aux plaisirs, il les consacre pendant trente ans à élucider les auteurs païens les plus obscènes : Properce, Plaute et l'*Ane d'or* d'Apulée.

Ce que Béroald fait à Bologne, Philelphe le fait tour à tour à Florence, à Sienne, à Milan, tandis que Marini scandalise l'Europe par son fameux poëme d'*Adonis*. Je dis fameux non par le mérite, mais par la licence. Le chant intitulé *Trastulli* est une description en *quatre cents vers* des baisers de Vénus et d'Adonis.

Continuant cette génération d'épicuriens et de libres penseurs, Gregorio Leti sort du collége de Cosenza passionné pour les idées et surtout pour les mœurs de la belle antiquité. Deux fois esclave du libertinage de l'esprit et du libertinage du cœur, le

[1] Voir aussi P. Jov., *Elog.*, et Bayle, art. *Bembo*.

jeune Leti se rend à Genève, et ne tarde pas à faire profession ouverte de protestantisme. Les travaux littéraires de Leti sont dignes de ses mœurs ; on peut en juger par ce qu'il en reste, ses diatribes contre Rome et ses ouvrages obscènes.

Citons encore Bolzanio de Belluno, qui consacre ses longues veilles à déchiffrer des hiéroglyphes et à composer des poésies amoureuses ; et le Mantouan, dont la verve inépuisable lança contre le clergé des satires qui n'auraient jamais dû voir le jour et *dota* sa patrie de plus de cinquante mille vers, dit-on, parmi lesquels les Bucoliques ne sont rien moins que chastes.

Qui ne sait ce que furent, sous le rapport de la licence du langage et de la corruption des mœurs, les libres penseurs Castalion, Asculano, Groto, Puccio, Centio, Codro, Septabina, Mazzucciolo Franco, qui, suivant l'expression de Brucker, ont envoyé à la postérité des chariots d'immondices et d'impiétés[1] ?

A tous ces noms tristement célèbres il serait facile d'en ajouter beaucoup d'autres. On peut les voir dans notre histoire du *Protestantisme*. Mais le vrai type des lettrés italiens de cette époque est le trop fameux Poggio. A ce titre il mérite une notice plus étendue.

[1] Quod qui negat eum non legisse oportet annales litterarios qui obscœnissimorum sermonum et impietatis nefandæ plaustra nobis suggerunt. Lib. II, c. III. — Voir aussi Bayle, art. *Vayer*.

CHAPITRE IX.

LE RATIONALISME DEPUIS LA RENAISSANCE. — ITALIE.

Pogge, type des lettrés de la Renaissance. — Son libertinage, conforme à celui de ses modèles classiques. — Ses *Facéties*. — Origine et nature de cet ouvrage. — Long tissu d'impiétés et d'obscénités. — Succès scandaleux qu'il obtient. — Traduit, imité, enrichi, première source du torrent d'immoralités qui souille l'Europe. — Pogge frondeur de l'Église. — Sa lettre à Léonard Arétin sur l'hérétique Jérôme de Prague. — Frondeur de toute autorité. — Provocateur à la Révolution. — Lettre de Magliabecchi sur les poëtes italiens de la Renaissance. — Jugement de Salvator Rosa.

Élevé à l'école des auteurs païens, Pogge mena dès sa jeunesse une vie conforme aux doctrines et aux exemples de ses maîtres. Avant d'être marié il était déjà père de trois enfants. Son libertinage lui ayant été reproché par le cardinal de Saint-Ange, le jeune libertin lui fit une réponse digne par son cynisme de Catulle ou de Pétrone [1]. Et c'est lui qu'on voit plus tard reprocher à Philelphe, avec une acri-

[1] Asseris me habere filios, quod clerico non licet; sine uxore, quod laicum non decet. Possum respondere habere filios me, quod laicis expedit; et sine uxore, quod est mos clericorum ab orbis exordio observatus; sed nolo errata mea ulla excusatione tueri.

monie sans exemple, les mêmes désordres dont il est coupable !

Marié à l'âge de cinquante-quatre ans, fut-il plus réglé dans ses mœurs? L'histoire ne le dit pas. Ce qu'elle dit, c'est que les grossières obscénités répandues à profusion dans ses *Facéties* et dans ses *Lettres* sont une preuve tristement incontestable que sa plume n'était pas plus chaste que sa vie de célibataire. Il nous en coûte de faire connaître le premier de ces ouvrages; mais s'il est un temps de se taire, il est aussi un temps de parler. La question vitale de l'origine du mal actuel et surtout du Rationalisme, qui ravage aujourd'hui les croyances et les mœurs dans l'Europe entière, commande de dire toute la vérité.

On sait que les *Propos de table* ou facéties de Luther furent pour l'Occident un immense scandale. Mais on ignore peut-être qu'en ce genre Luther n'a pas le mérite de l'invention. Renaissant lui-même et rien que renaissant, Luther a trouvé en fait de libertinage de conduite et de paroles des modèles qu'il n'a pas surpassés dans ses maîtres les Renaissants d'Italie. Avec le *Décaemeron* et la *Généalogie des Dieux*, les facéties de Pogge sont le premier ouvrage crûment obscène qui ait affligé l'Europe depuis l'établissement de l'Évangile. C'est un souvenir et une imitation de Lucien et de quelques-uns des libertins les plus éhontés de l'antiquité païenne. En nous donnant une juste idée des Renaissants de cette époque, plusieurs circonstances ajoutent à l'iniquité de l'auteur : sa position personnelle, le temps et le lieu où cet ouvrage immonde fut parlé avant d'être écrit ; enfin, le scandaleux succès qu'il obtint et dont l'auteur se fait gloire.

Pogge était attaché à la cour romaine en qualité d'écrivain des lettres apostoliques. Il devint ensuite secrétaire pontifical, et remplit cette fonction pendant près de quarante ans. Au lieu de lui inspirer du respect pour lui-même et pour l'Église dont il vivait, ce poste d'honneur et de confiance lui servit de voile pour écrire les obscénités qui souillèrent sa vie et qui flétrissent sa mémoire. Pogge lui-même raconte ainsi l'origine de ses *Facéties*. « Du temps de Martin V, moi et plusieurs secrétaires pontificaux, parmi lesquels étaient Antonio Lusco, Cincio de Rome et Razello de Bologne, nous avions choisi dans le palais même un petit réduit que nous appelions le *Buggiale*, c'est-à-dire l'officine des mensonges. Là on racontait des nouvelles ; on faisait des contes et des plaisanteries ; on frondait tout ce qu'on n'approuvait pas, et on approuvait fort peu de chose. Le pape surtout n'était pas épargné ; c'est lui qui d'ordinaire était mis le premier sur la sellette[1]. »

[1] ..... Ibi parcebatur nemini in lacessendo ea quæ non proba-

A entendre Pogge, on croirait que ses *Facéties* ne sont que l'innocent badinage de quelques hommes d'esprit, d'ailleurs pleins de respect pour tout ce qui en est digne : il est loin d'en être ainsi. Long tissu d'impiétés et d'obscénités dégoûtantes, exprimées en plaisanteries, en quolibets, en historiettes où figurent les personnages et les choses les plus vénérables : voilà les facéties. Nous ne souillerons pas notre plume en en transcrivant un seul échantillon. Se figure-t-on cette poignée de lettrés païens, épicuriens et libres penseurs, réunis pendant de longues années dans un coin du Vatican, alors que l'Église, environnée d'ennemis, ne savait auquel entendre pour défendre la foi de l'Europe, sapant par leurs propos médisants, impies et obscènes, la religion, les mœurs, la réputation, s'en faisant gloire, et osant publier ce qu'ils ont dit !

Ce qui achève de confondre l'esprit, c'est l'accueil fait par tous les lettrés de l'Europe à un ouvrage tellement infâme, dit Gesner, qu'il est digne de l'eau et du feu [1]. On fit des éditions sans nombre des Facéties ; elles furent traduites dans toutes les

bantur a nobis, et ab ipso persæpe pontifice initium reprehensionis sumpto..... Hodie..... desiit Bugiale, tum temporum tum hominum culpa, omnisque jocandi confabulandique consuetudo sublata. — *Facetiarum conclus.*, p. 275.

[1] Opus turpissimum et aquis incendioque dignissimum.

langues, enrichies des *bons mots* de quelques autres Renaissants. Et telle était alors la perversion des idées et l'oblitération du sens chrétien parmi les lettrés, qu'un religieux, Jacques de Bergame, ne craignit pas d'appeler cette production satanique un très-bel ouvrage, *pulcherrimus liber* [1].

Pogge lui-même ose se vanter de ce honteux succès. Invectivant contre Valla, avec la politesse de Cicéron et de Démosthènes dans leurs philippiques : « Qu'y a-t-il d'étonnant, lui dit-il, que mes *Facéties* ne plaisent pas à un homme qui n'a rien d'humain, à un stupide, un sauvage, un fou, un barbare, un manant? Mais ceux qui en savent un peu plus que toi les approuvent, les lisent ; ils les ont sur les lèvres et dans les mains ; et sache bien, dusses-tu en crever, qu'elles sont répandues dans toute l'Italie, en France, en Espagne, en Allemagne, en Angleterre, et partout où l'on sait parler latin [2]. »

Pogge a raison ; ses *Facéties* ne furent pas seulement dévorées par tous les Renaissants de l'Europe,

[1] *Mém.* de Nicér., t. IX, p. 151.

[2] Quid mirum Facetias meas, ex quibus liber constat, non placere homini inhumano, stupido, agresti, dementi, barbaro, rusticano? At ab reliquis aliquanto quam tu doctioribus probantur, leguntur, et in ore et in manibus habentur, ut velis nolis rumpantur licet tibi contro ilia... diffusa per universam Italiam et ad Gallos, usque Hispanos, Germanos, Britannos, ceterasque nationes transmigrarint qui sciant loqui latine. — *In Laurent. Vallam.*

elles furent encore imitées. « Les *Facéties* de Pogge, dit Nicéron, ont plus contribué à le faire connaître que tout ce qu'il a écrit d'ailleurs. *Il fut le premier* qui publia quelque chose dans ce goût-là. Il a été suivi d'une *infinité d'autres* qui ont pillé ses contes, sans lui en faire seulement honneur. C'est ainsi qu'on trouve dans Rabelais, dans les Cent Nouvelles, dans l'Arioste, dans les *Ducento Novelle* de Celio Malespini, dans la Fontaine, et dans divers auteurs, le conte de *l'Anneau de Hans Carvel*, dont l'invention est due à Pogge, qui le donne dans la 133e de ses facéties sous le nom de Philelphe [1] ».

Nous avons montré dans le *Césarisme* que les Révolutionnaires et les Mazziniens ne font que répéter mot à mot les enseignements de Machiavel, et dans le *Protestantisme* que Luther n'a été que l'écho des libres penseurs d'Italie. Ici nous découvrons la première source de ce torrent d'obscénités qui, depuis quatre siècles, allant toujours grossissant et se répandant par mille canaux divers, inonde l'Europe chrétienne et semble aujourd'hui menacer d'une souillure universelle les hameaux les plus obscurs, aussi bien que les bourgs et les cités. Commencé à Pogge, il descend à Rabelais; de Rabelais à Chorier; de Chorier à la Fontaine; de la Fontaine à Voltaire, à Piron, à Parny, à Pigault-Lebrun, pour déborder au

[1] *Mém.*, art. *Pogge*.

delà de toute bornes dans nos dramaturges, nos chansonniers, nos romanciers et nos feuilletonistes.

Père des auteurs obscènes, Pogge est encore le précurseur des écrivains incrédules. Dans leurs diatribes contre les moines, Erasme, Reuchlin, Ulric de Hutten n'ont eu qu'à copier son écrit *De humanæ conditionis miseria*. De même, pour justifier Jérôme de Prague et rendre l'Église odieuse, les protestants n'ont eu, sauf quelques mots à changer, qu'à reproduire l'éloge funèbre que Pogge ose faire de cet hérétique. Cette pièce assez peu connue mérite, dans l'intérêt de notre cause, de l'être beaucoup.

Rendant compte dans une lettre à Léonard Arétin des derniers moments de Jérôme de Prague, Pogge commence par laisser indécise la culpabilité de Jérôme [1]. Il loue sa présence d'esprit, sa fermeté, la force de ses arguments, la dignité de son langage [2]. Si les sentiments intérieurs de Jérôme étaient conformes à ses paroles, c'était, dit-il, le plus innocent des hommes. Or, comme l'Église ne juge pas de l'intérieur, il résulte qu'en basant sa condamnation sur les actes et les paroles, elle a, au jugement de

[1] Hieronymum quem hæreticum ferunt... si tamen vera sunt quæ sibi objiciuntur.

[2] Incredibile est dictu quem callide responderet, quibus se tueretur argumentis. Nihil unquam protulit indignum bono viro.

Pogge, frappé injustement cet homme de bien [1]. Son éloquence toute cicéronienne le ravit; elle lui rappelle les grands orateurs de l'antiquité que lui-même admire [2]. Sa mort, digne de Caton, est le plus imposant spectacle qu'il ait contemplé [3]. Son enthousiasme allant toujours croissant, il fait de l'hérétique un héros digne de vivre éternellement dans la mémoire des hommes [4]. Mutius Scévola, Socrate lui-même, les plus grands hommes que Pogge connaisse, sont petits près de l'incomparable stoïcien que l'Église fait périr sur un bûcher [5].

A ce langage plus qu'étrange dans la bouche d'un notaire apostolique, succèdent des attaques plus prononcées et plus directes. On sait que le joug de

[1] Si id in fide sentiebat quod verbis profitebatur, nulla in eum nedum mortis causa inveniri justa posset, sed ne quidem levissimæ offensionis... non laudo si aliquid adversus Ecclesiæ instituta sentiebat.

[2] Fateor me neminem vidisse unquam qui in causa dicendi, præsertim capitis, magis accederet ad facundiam priscorum, quos tantopere admiramur.

[3] Stabat impavidus, intrepidus, mortem non contemnens solum, sed appetens, ut alterum Catonem dixisses.

[4] O virum dignum memoria hominum sempiterna! Nullus unquam stoicorum tam constanti animo, tam forti, mortem perpessus est, quam iste appetiisse videtur.

[5] Neque Mutius ille tam fidenti animo passus est membrum uri, quam iste universum corpus. Neque Socrates tam sponte venenum bibit, sicut iste ignem suscepit. — Ad Leonard. Arct., *Ep. inter opera.*

l'autorité religieuse ou politique ne pèse pas moins aux libres penseurs que les règles de la morale.

Dans son traité *De infelicitate principum*, Pogge n'épargne ni le pape, ni les cardinaux, ni les rois. A ses yeux ils sont coupables d'avoir banni de la terre presque toutes les vertus. La diatribe ne serait pas complète si à l'accusation des grands ne se joignait, comme contraste, l'éloge des prolétaires. Modèle mille fois imité par tous les démocrates fils de la Renaissance, Pogge excite les passions du peuple en lui montrant ses vertus, et en s'apitoyant sur sa misère, dont naturellement l'autorité est la cause[1].

Assez sur Pogge, dont nous aurons occasion de reparler. Il suffit pour le moment d'avoir constaté, d'une part, que les ouvrages de ce Renaissant épicurien et libre penseur contribuèrent puissamment à corrompre les cœurs et à pervertir les esprits, *plus de cinquante ans avant Luther*; d'autre part, que c'est de Pogge et de ses émules que date en Italie la sinistre génération d'épicuriens, d'incrédules et d'athées, en un mot de Rationalistes, dont ce pays, pas plus que le reste de l'Europe, n'a été préservé depuis quatre siècles, et qui aujourd'hui, malgré la présence de la papauté, continuent de s'agiter dans

[1] Virtutes ferme omnes tanquam proscriptæ, regum ac dominantium animos reliquerunt, seseque ad humiliores homines contulerunt, etc., etc., p. 394.

la Péninsule aussi nombreux et non moins audacieux que partout ailleurs.

Si le cadre de notre ouvrage le permettait, combien de noms fameux viendraient nous dire ce qu'étaient, sous le rapport des mœurs, tous ces essaims de rhéteurs, de poëtes, d'humanistes, ou, comme on disait alors, de *Bilangues* et de *Trilangues*, que la Renaissance fit éclore en Italie! Nous pourrions citer les Bibiena, les Casti, les Russoli, les Mauro et mille autres dont la plume distilla la corruption sous toutes les formes [1]. Après avoir flétri comme elles le méritent les infamies poétiques de La Casa, le savant bibliothécaire de Florence, Magliabecchi, indique une foule de poëtes italiens de la même époque dont les ouvrages ne sont pas moins *exécrables* que ceux de cet auteur [2].

Enfin, Salvator Rosa, apportant à notre cause l'autorité de son grand nom de poëte et d'artiste,

[1] Voir entre autres, Bayle, art. *Vayer* et *Virgile;* Tiraboschi, *Hist. de la litt. ital.*; Ginguené, *id.*

[2] Io non intendo qui far l'apologista del Casa : troppo chiare sono l'infamità che si leggono in quel suo sporco capitolo, ecc.; contuttociò come ho detto, fu sua gran disgrazia l'aver per nemico il Vergerio. Ognun vede le orribil infamità nel medesimo genere che si trovano nel *Berni;* nel capitolo a Marco Antonio da *Bibiena*, e nel altro capitolo soprà un garzone, ed in mille altri luoghi; in *Curzio* di Marignolle; nel *Russoli;* in *Marco Lamberti;* nel *Persiani;* ed in *cento e mille* altri nostri poeti fiorentini, per tralasciare altri *quasi infiniti* di altre patrie. — *Letter. al. sig. Bigot.*

stigmatise avec l'énergie d'une conscience indignée toutes ces poésies corruptrices, qui déshonorent et qui souillent l'Italie. « Grâce à vous, s'écrie-t-il, poëtes coupables, quelle est la jeune fille qui aujourd'hui ne comprenne les Priapées ? Quand donc cesserez-vous de chanter les femmes, les cavaliers, les armes et l'amour, aiguillons d'impudicité pour les lecteurs ? Ce n'est point ici une figure de rhétorique : *Les temps modernes sont infectés de trois choses : de malice, d'ignorance et de poésie.* Entendez-moi, vous, vous qui par vos chants êtes cause que la piété chancelle et que la crainte de Dieu est bannie du monde. C'est vous qui distillez dans les âmes le poison de mille immoralités. Vous jetez l'étincelle sur la matière inflammable; vous donnez son aliment à l'incendie. Venez ensuite nous dire : Suivant leurs dispositions, de la même fleur l'abeille bienfaisante et la vipère cruelle tirent le poison et le miel. O impies, ô quatre fois et six fois misérables ! Vous me mettez le poison à la bouche, et si je meurs vous dites que c'est la faute de mes mauvaises dispositions !

» Criminelle poésie qui a pris pour modèles les Machiavel et les Erasme, pères des impies modernes. Plus païens et plus coupables que Luther qui sépara le Christ de l'Église, vous vous faites une gloire de ce qui est une honte. Bouffons insolents et athées, vous croyez ne pouvoir écrire avec grâce qu'autant que vous entrez, pour les profaner, dans les églises et dans les sanctuaires. Antechrists du Parnasse, c'est par vos ouvrages que l'insatiable enfer fait sa plus riche moisson de damnés. Le monde actuel n'a plus d'oreille que pour Lesbie. Pour lui, parler de la vertu n'est plus de mode; gorgé de poésies obscènes, il ne rêve que Bathylle et Laïs. Époque à faire fuir dans la Thébaïde : siècles à ensevelir dans le silence plutôt qu'à comparer à d'autres siècles[1]. »

Rien de mieux mérité que les reproches de Salvator Rosa. Corrompus et corrupteurs, la plupart de ces poëtes, indignes de ce nom, joignent au libertinage de l'esprit le libertinage du cœur, en sorte que leur conduite ouvertement scandaleuse justifie le proverbe de la Renaissance elle-même : « Rarement on est Caton dans ses mœurs, quand on est Catulle dans ses vers:

Raro moribus exprimit Catonem
Quisquis versibus exprimit Catullum. »

1 Da qual donzella non son oggi intese
Le Priappee?. . . . .
. . . .
Pormi il tosco alla bocca, e poi s' io pero
Dir, che maligni fur gl' affetti miei!
. . . .
L'orecchio ha il mondo sol per Lesbia, etc., etc.

Salvator Rosa, *la Poesia*. In-18, 1719. — Voir aussi Possevino, *Biblioth. univers.*

CHAPITRE X.

LE RATIONALISME DEPUIS LA RENAISSANCE. — ITALIE.

A la suite de la politique, de la philosophie et de la poésie, les beaux-arts s'émancipent. — Ce que font les peintres, les graveurs, les statuaires devenus libres penseurs. — Ils chantent la chair avec toutes ses convoitises. — Critique vigoureuse de leurs ouvrages par Salvator Rosa. — Par Érasme. — Par Properce. — Abominations de l'art devenu païen. — Profanation des églises. — Offenses continuelles à la piété et à la pudeur. — Critique du *Jugement dernier* de Michel-Ange. — La musique devenue païenne et sensualiste. — Ses funestes effets. — Profanation du culte chrétien. — Mêmes effets dans le reste de l'Europe.

Pendant qu'au mépris des enseignements de la foi et des lois de la pudeur, les humanistes, poëtes, prosateurs et philosophes, émancipent leur raison et leur plume, les artistes, peintres, graveurs, sculpteurs, nouvelle classe de Rationalistes, émancipent leur pinceau et leur burin. Tous ensemble inondent l'Italie d'un déluge d'obscénités en vers, en prose, en toile, en marbre, en bronze, en bois, en plâtre, qui, glorifiant la chair dans toutes ses convoitises, rappellent les plus mauvais jours de Rome et de Pompéi. Ce que l'œil chrétien n'avait jamais contemplé, *le nu pour le nu*, ruisselle de toutes parts. Les

Jupiter incestueux et adultères, les Léda, les Pasiphaé, les Vénus, les Cupidon, toutes les obscénités mythologiques s'étalent au grand jour dans les villas, dans les jardins, sur les places publiques, dans les rues, dans les galeries. Aux reproductions de l'*antique*, l'art matérialisé ajoute les inventions de l'imagination la plus libertine. Pas une de ces choses que l'apôtre défend même de nommer qui ne soit curieusement reproduite par des milliers de pinceaux et de burins.

Non contents de parler dans les palais, dans les maisons et dans les lieux profanes, ces prédicateurs de la volupté envahissent le sanctuaire. Les portes des églises étalent dans leurs panneaux les fables les plus immondes de l'antiquité. Les saints et les martyrs deviennent des athlètes ou des philosophes, les anges des génies ; et, quand elles ne reproduisent pas les traits voluptueux des courtisanes, nos saintes deviennent tour à tour des naïades, des nymphes, des déesses, des bayadères, dont les jambes nues, la gorge découverte, le maintien prosaïque et la désinvolture font rougir la pudeur, refoulent la prière au fond de l'âme, et, loin d'élever la pensée jusqu'au ciel, la concentrent dans l'Olympe. Quels sentiments d'adoration, d'humilité, de componction, je vous prie, peuvent exciter dans le cœur une pose académique, un bras potelé, une jambe nue, et toute cette collection de poitrines et de fémurs puissamment accusés, qui semblent l'indispensable condition du beau dans la plupart des tableaux, des sculptures et des gravures prétendues chrétiennes des ouvriers de la Renaissance? Où est le respect des enseignements du christianisme, des règles de la morale, des traditions de l'art chrétien ? Quel sacerdoce exercent ici les artistes? Est-ce l'esprit ou la chair qui respire dans leurs productions? Telles sont cependant les *œuvres d'art* dont l'Europe moderne est inondée.

Entre mille voix plus autorisées que la nôtre, qui depuis quatre siècles n'ont cessé de protester contre cet immense scandale, écoutons celle d'un homme qui a un droit particulier à être entendu. « Comment se contenir, s'écrie Salvator Rosa, comment se taire, en voyant que plus le pinceau est obscène, plus il flatte et plus il nuit? *De peintures lascives le monde est plein*, et par les yeux le cœur trahi aspire de couleurs criminelles le poison qui le tue [1]. On n'indique du doigt dans les tableaux que les infamies des faux dieux, afin que l'homme s'enhardisse à les imiter. La libidineuse volupté élève partout ses trophées, et

[1] Di lascive pitture il mondo è pieno,
E per le vie degl' occhi il cor tradito
Dal nefando color beve il veleno.

La Pittura, in-18, 1719.

plus d'un nouveau Tibère remplit sa demeure de peintures effrontées dignes des gynécées. Non, Horace n'est plus le seul à vouloir que les murs de sa chambre à coucher représentent, peintes sous leur formes variées, les attitudes du crime honteux.

» Jules Romain sculpta mille fois les postures obscènes. Les impudiques Carracho et les Titien ont profané par des figures de lupanar les palais des princes chrétiens. Des femmes nues sont le seul décor des petits appartements des rois, et de là vient qu'eux-mêmes se changent en Sybarites. De quelque côté qu'il se porte, le regard des jeunes filles se repaît parmi les Vénus et les Bersabée. Faut-il s'étonner qu'elles deviennent des courtisanes? Avec des Hyacinthe, des Satyres et des Napées, on ne voit dans les musées modernes que des Psyché, des Léda, des Danaé, des Galatée, des Myrrha, des Europe, des Diane et des Ganymède : les Pasiphaé adultères et bestiales sont les brillants ornements des galeries... Et la terre ne s'ouvre pas en gouffres dévorants [1] ! »

Ce n'est pas ici une indignation isolée; le même

[1] Fuor che Giacinto, Satiri e Napee
Per i musei moderni altro non vedi,
E Psichi, e Ledee, Danai, et Galatee,
Mirre, Europe, Diane, e Ganimedi :
E le Pasife adulteri e bestiali
Son delle gallerie pregiati arredi, etc.

La Pittura, in-18, 1719.

cri de réprobation n'a cessé de retentir dans toute l'Europe, et, chose assez remarquable, souvent il s'échappe de cœurs adorateurs de la Renaissance, mais qui parfois retrouvent toute l'énergie du sentiment chrétien, de la pudeur et de l'honnêteté. Parlant de ces collections innombrables d'ouvrages scandaleux rassemblés dans les galeries et les musées modernes, Érasme s'exprime ainsi : « Si jamais vous avez visité, à Rome, les musées des *Cicéroniens*, rappelez-vous si vous y avez vu une statue de Jésus-Christ ou des apôtres. *Tous sont pleins des monuments du Paganisme.* Et, dans les tableaux, Jupiter changé en pluie et séduisant Danaé attire bien plus nos regards que l'ange Gabriel annonçant à la sainte Vierge le mystère de l'Incarnation ; Ganymède enlevé dans l'Olympe par l'aigle de Jupiter nous délecte bien autrement que Jésus-Christ montant au ciel ; nos regards s'arrêtent avec bien plus de plaisir sur les fêtes de Bacchus et du dieu Terme, toutes pleines de turpitudes et d'obscénités, que sur Lazare rappelé du tombeau, ou sur le Fils de Dieu baptisé par saint Jean. *Voilà les mystères qui se cachent sous le voile de l'amour et de l'admiration pour la belle antiquité....* Nous ne sommes plus chrétiens que de nom ; nous confessons de bouche Jésus-Christ, mais nous portons dans le cœur Jupiter et Romulus [1]. »

[1] Titulo duntaxat sumus christiani... Christum ore confitemur,

Plusieurs cherchent à justifier ce scandale, en disant que l'habitude de voir les statues et les peintures indécentes fait disparaître le danger pour les mœurs. Le grand artiste déjà cité répond : « O pères, ô mères aveugles et coupables, que faites-vous de votre vigilance, lorsque tous les jours vous achetez, pour meubler vos appartements, de pareils tableaux? Vous êtes la providence de vos familles, mais que vous sert de garder le seuil, si les toiles corrompent vos enfants dans la maison? Ces peintures nues, sans voiles, *sont des livres d'impudicité.* Les pinceaux ont un langage qui fait germer la corruption. Rappelez-vous le raisin de Zeuxis ; mieux que tous les discours il vous dira si les peintures savent attirer les oiseaux [1]. »

Salvator Rosa n'est ici que l'interprète de saint Paul et des Pères. Le grand apôtre dit que les mauvais discours corrompent les bonnes mœurs, *corrumpunt mores bonos colloquia prava.* Or, une mauvaise peinture, une mauvaise sculpture, ne sont-elles pas de mauvaises paroles, de mauvais livres, où le plus

sed Jovem optimum maximum et Romulum gestamus in pectore. — *Ciceron.*, p. 106, etc.— Voir notre préface, aux lettres de saint Bernard.

[1] Queste pitture ignude, senza spoglia,
Son libri di lascivia ; hanno i pennelli
Sensi, da cui disonestà germoglia. — *Id.*

actif de nos sens puise le mal qu'il communique à l'âme, avec plus de fidélité et d'énergie que l'oreille elle-même? C'est avec raison que saint Grégoire de Nysse appelle les sculptures et les peintures obscènes des spectacles infâmes, *infamia spectacula*, et Tatien des provocateurs de crimes, *vitiorum monimenta*. Quand on aura supprimé le péché originel et la concupiscence, on pourra représenter aux yeux ce que Dieu même a voulu qui fût caché; jusque-là l'art païen avec ses nudités sera une des plus larges sources de corruption.

Il est vraiment étrange que les artistes de la Renaissance se soient fait, et qu'aujourd'hui encore des chrétiens se fassent illusion sur un point qui porte avec soi son évidence. Des païens non suspects leur font ici la leçon. Platon avait prétendu que l'habitude de voir des jeunes filles sans vêtement dans les gymnases ôterait à la concupiscence tous ses aiguillons, et Plutarque nous dit que les mœurs des Athéniens et des Spartiates, où cet usage fut établi, ne tardèrent pas à devenir les plus corrompues de la Grèce[1]. » Hérodote ajoute avec raison qu'une femme qui quitte ses vêtements se dépouille aussi de sa pudeur, et qu'elle a bientôt appris à ne plus rougir de rien.

On dira qu'il s'agit ici de personnes vivantes; eh

[1] *Quæst. Rom.*, 40. T. III, p. 399; édit. in-12.

bien, ne parlons que des tableaux et des statues. Aristote défend toute statue, tout tableau impudique [1]. Un païen moins suspect encore déclare que l'habitude d'en exposer aux regards fut la première source de l'affreuse corruption des Romains. « Celui, dit Properce, qui le premier offrit aux regards des images honteuses dans une maison chaste fut aussi le premier corrupteur de nos jeunes vierges. Il rendit leurs yeux innocents complices de sa perversité. Ah ! qu'il souffre et qu'il gémisse celui qui a fait connaître au monde des plaisirs, en embrasant nos sens du feu séditieux que nos cœurs recèlent. *De telles peintures ne décoraient pas les lambris de nos pères ; leurs murailles ne se couvraient pas d'images criminelles* [2]. »

Replacé sous l'influence du Paganisme, l'art devait en arriver là. Le beau est l'objet de l'art. Or, le beau ne se trouve que dans le monde surnaturel ou dans le monde sensible. Le premier est fermé aux artistes libres penseurs. Dans le monde sensible le beau par excellence est le corps humain. Le reproduire dans toutes ses parties, soit pour faire briller le talent de l'artiste, soit plutôt pour flatter la concupiscence des yeux, tel est, à en juger par leurs œuvres, le but suprême des peintres et des sculpteurs dont nous parlons. De là une nouvelle abomination

[1] *Politic.*, lib. VIII. — [2] *Proper. oper.*, lib. II, eleg. VI, v. 27-34.

qu'ils osent appeler une *exigence de l'art*, et dont Salvator parle en ces termes : « Plus le mal vieillit, plus il empire ; on en est venu à établir des sérails de jeunes garçons et de femmes, afin de les faire poser au naturel, etc. » Et depuis la Renaissance ces infamies continuent de se pratiquer dans toutes les grandes villes de l'Europe chrétienne ! Et on se plaint de la corruption des mœurs [1] !

> Peggiorar sempre, quanto più s'invetera,
> Far di ragazzi e femine un serraglio
> Per farlo stare al naturale e cetera. — *Id.* [2].

Mais il est une chose qui excite surtout la juste indignation de l'éloquent artiste, c'est la profanation des églises par l'art païen. Le voyageur qui a visité l'Europe méridionale et étudié avec quelque soin les peintures, les sculptures, les monuments funèbres, les bas-reliefs, les médaillons d'un grand nombre d'églises, ne peut s'empêcher de trouver dans les paroles suivantes la traduction fidèle des sentiments qu'inspire un pareil spectacle. « Ce n'est pas tout, continue le grand peintre que nous aimons à citer, ces artistes font un abus encore plus impie de leur industrie sacrilége. Dans les temples où l'on adore

[1] Le scandale en est aujourd'hui arrivé à tel point, que la police elle-même, que personne n'accusera de jansénisme, dénonce et fait condamner les photographes qui ont aussi leur sérail et qui en exposent les produits aux regards des passants !

et l'on prie, ils font les portraits des femmes, et la maison de Dieu devient une boutique. Au mépris de toute crainte et de toute foi, les couleurs fomentent l'impiété, l'adultère et l'inceste. Seigneur, vous qui du temple méprisé et profané chassâtes les vendeurs de bœufs et de taureaux, ah! revenez sur la terre votre fouet à la main; car par le moyen des peintres il se tient chaque jour dans vos églises un marché plus coupable. Et non-seulement vous dissimulez l'outrage, mais vous souffrez que les *frénésies* de ces pourceaux soient placées jusque sur vos autels!

» Voyez quelles postures et quelles grimaces ils font faire à vos saints! Il en est plus d'un qui, pour s'acquérir le renom de grand connaisseur du corps humain dans tous ses détails, fait montrer aux saintes et leurs seins et leurs cuisses; en peignant les saints tout nus, il veut se faire ranger parmi les grands maîtres et prouver qu'il n'est pas un muscle dont il ignore la place ni le jeu. Que dire des attitudes, sinon qu'elles sont horribles? L'un gambade, l'autre galope, celui-là se désespère, avec des figures et des contorsions à faire peur. C'est à peine si on trouve un tableau sacré qui soit chaste: partout l'impureté se mêle à la religion [1]. »

[1] Deh, torna in terra col flagello usato!
Che per man de' pittori entro le chiese

L'habitude des artistes libres penseurs de prendre pour modèles de leurs saints et de leurs saintes les dieux et les déesses, les héros et les héroïnes du paganisme classique, ainsi que ses effets relativement à la piété des fidèles et à la sainteté de nos églises, n'échappe point à l'illustre critique. « Dans leurs toiles sacrées, dit-il, ne les voit-on pas substituer aux anges et aux saints des démons et des libertins? Par cette sacrilége idolâtrie les fidèles trompés offrent à l'enfer leurs vœux et leurs soupirs. Au lieu d'un ange et de Marie, ils vénèrent la figure d'Atys et de Méduse, les traits de Bathylle ou d'une Harpie... A l'honneur des lupanars l'encens brûle dans les encensoirs et dans les lampes. De là

Delle vacche ogni dì fassi il mercato.
E tu non sol dissimuli l' offese,
Ma comporti che sian di questi porci
Sull' are tue le frenesie sospese!

. . . .

Per vantarsi più d'un, che ben conosce
Di tutto il corpo le minuzie e i bruscoli,
Fa mostrar alle sante e poppe e cosce,
E per farsi tener fra i più maiuscoli,
Spogliando i santi, vuol mostrar che intende
I propi siti e rigirar de i muscoli

. . . .

Più tavola non v' è che almen sia casta,
Che per i tempi la pittura insana
La religion col puttanesimo impasta.

vient que ce n'est plus que dans les anciens sanctuaires de la piété qu'on va chercher les bienfaits du Seigneur ; car dans ceux d'aujourd'hui il ne fait plus de miracles. C'est vous, peintres, qui obscurcissez la glorieuse auréole de la Religion, et les hérésies vous doivent une grande partie de leurs victoires. Quant aux choses abominables que vous gravez sur le cuivre ou que vous traduisez en couleurs, je n'en parle pas [1], dans la crainte d'effrayer les âmes pieuses. »

Di numi in cambio nelle sacre tele
Dipingono il bardassa e la puttana?
Onde tradito poi il stuol fidele,
Con scelerata e folle idolatria,
Porge i voti all' inferno e le querele.
Chè d' un angelo in vece, e di Maria,
D' Ati il volto s' adora e di Medusa,
L' effigie d' un' Batillo o d' un' Arpia.
Ad onor de' lupanari arde l' incenso
Ne' turriboli e nelle lampe, etc. — *Id.*

Afin d'abréger, nous ne traduirons pas la vigoureuse critique du *Jugement dernier* de Michel-Ange [2].

[1] Nous en avons donné un échantillon dans le *Protestantisme*.

[2] Un noble voyageur s'adresse à Michel Ange, et lui dit :

Sapevi pur che il figlio di Noë,
Perchè scoperse le vergogne al padre,
Tirò l' ira di Dio sovra di se :
E voi senza temer Cristo e la madre,
Fate che mostrin le vergogne aperte
In fin de' santi qui l' intere squadre.

En terminant son travail, Salvator Rosa flagelle comme elle le mérite cette génération innombrable de prétendus artistes, éclose au soleil de la Renaissance et qui a infecté l'Europe chrétienne de ses œuvres impies et obscènes. « Tout le monde est peintre, dit-il ; Rome compte plus de toiles que de lambris. Certaines têtes folles enfantent plus de tableaux que n'en fit Agatharque dans l'antiquité. Ce qui fait dire aux habitants d'au delà des monts que trois choses se trouvent à Rome en abondance : *des tableaux, des espérances et des baise-mains.* Du Latium les peintures sortent par fourgons, et si nombreuse est l'engeance des peintres qu'elle infecte l'Europe entière.

» J'ai écrit les sentiments d'un cœur sincère et ami du bien. Que si mon style manque de grâce, du moins je ne manque ni de zèle ni d'amour de la vé-

Dunque là, dove al ciel porgendo offerte
Il sovrano pastore i voti scioglie,
S'hanno a veder l' oscenità scoperte?
Dove la terra e il ciel lega e discioglie
Il vicario di Dio, saranno esposte
E natiche, e cotali, e culi e coglie.
In udire il pittor queste proposte,
Divenuto di rabbia rosso e nero,
Non pote proferir le sue risposte
Nè potendo di lui l' orgoglio altero
Sfogare il suo rancor per altre bande
Dip'nse nell' inferno il cavaliero. — *Id.*

rité. Mais que mon style soit sublime ou vulgaire, je sais qu'il ne sera pas du goût de ceux que j'ai flagellés : au palais la bile fut toujours amère[1]. »

La profanation de la musique n'excite pas moins la verve du grand artiste que la profanation de la peinture. A la vue de tout un monde jadis si grave et si pieux, pris tout à coup d'un amour insensé pour les arts païens, son âme s'indigne et laisse échapper ces énergiques accents : « Il n'est pas un coin de notre hémisphère où l'on n'entende solfier, où l'on ne trouve des musiciens. Les princes insensés recherchent cette canaille, scandale des cours et des palais. Qui peut me montrer un musicien dont les chants rappellent la jeunesse à la chasteté? On ne voit plus dans nos villes que des Sempronie qui par leurs manières et leurs chants effrontés attirent au mal les hommes vertueux. Où jamais a-t-on entendu de pareilles choses? Rougissez, dames romaines,

1 Tutto il mondo è pittore. . . . .
Più tele ha il Tibro, che non ha lombrichi,
E fan più quadri certi capi insani
Che non fece Agatarco ai tempi antichi;
Onde dissero alcuni oltramontani
Che di tre cose è l' abbondanza in Roma :
Di quadri, di speranze e baccia mani.
Escon dal Lazio le pitture a soma,
E tanta de' pittori è la semenza
Che infettato ne resta ogn' idioma. — *Id.*

dont les ariettes licencieuses ont ouvert la voie au déshonneur. Je vous signale et vous interpelle, maîtres indignes, qui avez appris au monde à descendre dans la fange. Ce sont eux, pères et mères, qui jusque dans l'intérieur de vos maisons ravissent à vos filles la première fleur de l'innocence. Leurs chants sont des amorces d'adultère, et vos jeunes vierges, séduites par ces dangereux attraits, deviennent coupables au moins dans leurs désirs. Quel scandale d'entendre aux sacrés lutrins roucouler les vêpres, aboyer la messe, hurler le *Gloria*, le *Credo*, le *Pater noster*, et sur l'air du *Tralala* chanter le *Miserere mei* [1] ! Qui veut chanter n'a qu'une chose à faire : suivre le psalmiste sacré, imiter Cécile et non Thalie, marcher sur les traces de Job et non d'Orphée. La seule harmonie qui pénètre dans le ciel est celle qui, au lieu de faire entendre des accents coupables, pleure les fautes comme Jérémie. Il n'est pas désormais un chant qui soit chaste : dans les cours la musique est bestiale [2]. » S'il vivait de nos jours, que dirait le grand artiste de la musique des théâtres et des salons ?

[1] Quelques-uns en étaient venus à chanter le *Kyrie* sur l'air de *l'Ami Baudichon* ou de *Vénus la belle*.

[2] Sol di Sempronie le città son piene...
Che con maniere infami e vergognose
Danno il tracollo agl' uomini dabbene...
Arrosiste al mio dir, donne romane,

On connaît maintenant l'époque néfaste où les beaux-arts, autrefois si chrétiens, sont devenus libres penseurs[1]; on sait de plus de quelles innombrables obscénités ils ont souillé l'Italie. Comme leur histoire et celle de leurs produits est, à quelques variantes près, la même dans le reste de l'Europe moderne, nous passerons désormais légèrement sur ce sujet.

Le di cui profanissime ariette
Han fatto al disonor le strade piane...
Io sgrido, io sgrido voi, maestri indegni,
Voi al mondo insegnaste a imputanirsi...
Tutti i canti oggimai sono immodesti, etc.

La Musica.

[1] Sans doute les romans de chevalerie, les fabliaux et les chants des trouvères des treizième, quatorzième et quinzième siècles, ne sont pas tous exempts de reproche. Mais entre ces ouvrages, inspirés déjà, du moins en partie, par l'esprit païen, et ceux des écrivains et des poëtes de la Renaissance, quelle différence pour l'*esprit* général!

CHAPITRE XI.

LE RATIONALISME DEPUIS LA RENAISSANCE. — ALLEMAGNE.

De l'Italie le Rationalisme passe en Allemagne. — Ravages qu'il y fait. — Témoignages de Cornelius a Lapide, de Lobkowitz. — Hutten, type des Rationalistes en Allemagne. — Importance de sa biographie. — Ses écrits : Triomphe de Capnion. — Lettres des *hommes noirs*. — Ses rapports avec les libres penseurs de France. — Sa *triade romaine*. — Les Rationalistes modernes demandent l'emploi de la force pour extirper le christianisme. — Ils ne sont que les échos de Hutten et d'autres libres penseurs de la Renaissance.

Le Rationalisme politique, philosophique, artistique et littéraire, éclos en Italie au soleil de la Renaissance, ne tarda pas à franchir les Alpes. A la vue des ravages qu'il faisait en France dans les croyances et dans les mœurs, un célèbre docteur de Sorbonne, à qui son siècle décerna le surnom de *fléau des hérétiques*, Gabriel de Puyherbaut, s'écriait : « Plût à Dieu que l'Italie eût gardé pour elle ses marchandises, ses parfums, ses onguents et ses livres [1] ! » Toutes les autres nations de l'Europe auraient le droit de faire le même vœu.

[1] Nobis consultum esset si suas merces, odores, unguenta, si suos libellos in se continuisset sibique tantum habuisset Italia. — Theotim. lib. I, p. 79.

Déjà nous avons vu [1] les libres penseurs d'Allemagne, formés aux écoles italiennes, répandre le Rationalisme dans les universités et les gymnases de leur catholique patrie. Or, partout où elle est semée, l'ivraie produit l'ivraie. Bientôt l'Allemagne se vit peuplée de libres penseurs et d'épicuriens. Comme leurs maîtres, ces hommes, foulant aux pieds et l'autorité de la foi et les règles des mœurs, répandirent des doctrines morales et philosophiques qui ne tardèrent pas à se traduire en athéisme, en impiété et en sensualisme : ce fut comme une efflorescence générale du Paganisme ancien. Au témoignage éclatant du célèbre prince de Carpi, cité dans notre *Histoire du Protestantisme*, il nous suffira d'en ajouter quelques-uns choisis entre mille. « L'Europe presque seule, s'écriait Cornelius a Lapide, professe le Christianisme ; et voilà que presque la moitié de l'Europe se compose d'hérétiques, de schismatiques, de politiques païens et d'athées ; parmi les catholiques, combien de concubinaires, de vindicatifs, de voleurs et d'ivrognes [2] !

Cet état de choses, inconnu avant la Renaissance,

[1] Voir notre *Histoire du Protestantisme*.

[2] Sola pene Europa est christiana : jam in Europa dimidia fere pars est hæreticorum, schismaticorum, politicorum et athcorum ; inter orthodoxos multi sunt concubinarii, multi qui odia fovent, multi injustorum bonorum possessores, multi ebriosi, etc.— *Comm. in Zach.*, c. XIII., v. 8.

est également signalé à la même époque par le philosophe allemand Lobkowitz. « Il faut remarquer, dit-il, que l'Europe actuelle, sans excepter l'Allemagne, est infectée des deux pestes de l'athéisme : la peste physique et la peste morale. L'athéisme physique nie la cause des causes, l'athéisme moral la fin des fins. Parmi ces athées, les derniers ne sont pas ceux qui, abusant de leurs voyages et de leurs études en Italie, semblent s'être ligués pour arriver à la perfection de la secte. *C'est de ces écoles qu'ils sont sortis pour détruire la piété, la candeur et la bonne foi de leurs aïeux.* Que si vous cherchez des athées pratiques, corrupteurs de la vie et des mœurs, *la Germanie en est couverte.* Rien ne nous empêche de dire avec saint Jérôme : « Dans notre patrie Dieu c'est le ventre, et le plus saint est le plus riche[1]. »

Comme Pogge est le type de la plupart des lettrés italiens fils de la Renaissance, de même en Allemagne, Ulric de Hutten personnifie les libres penseurs et les épicuriens issus de la même mère. Aux

[1] Inter illos atheos minime postremi sunt qui, peregrinationibus pariterque studiis italicis abusi, data quasi opera ad artis atheisticæ fastigium aspirarunt, eque scholis istis ad pietatem, candorem fidemque prædecessorum suorum subruendam prodierunt. Denique si atheos practicos vitæ morumque corruptores quæras, innumeros plane tellus fert germanica. Quid prohibet quominus cum beato Hieronymo dicere possimus : In nostra patria Deus venter est et sanctior ille qui ditior? — *Philosoph. real.* Præf.

yeux des modernes Rationalistes, il est le chef du mouvement qui entraîna le nord de l'Europe hors des voies du catholicisme, aussi bien sous le rapport de la littérature que sous le rapport de la foi. Antérieur à Luther, dont il prépara les déplorables succès, il passe à bon droit pour un des principaux auteurs des révolutions sanglantes qui ont désolé sa patrie, et même pour le plus ardent promoteur de la Révolution qui menace aujourd'hui l'Europe entière. A ce titre, sa biographie doit tenir une grande place dans l'histoire du mal moderne.

« Dans *cette longue éducation du genre humain par lui-même*, dit M. Chauffour, où peut-on mieux saisir le commencement des choses que dans les hommes mêmes qui ont donné l'impulsion? Tout le travail qui s'est réalisé dans la société en *réformes religieuses ou politiques*, en lois, institutions, mœurs, tous les combats qu'il a fallu livrer, toutes les actions et toutes les réactions se sont opérées dans leur esprit avant d'éclater au grand jour. PAR LA AUSSI LA BIOGRAPHIE ACQUIERT UNE IMMENSE VERTU D'ENSEIGNEMENT [1].

A l'exemple de la jeune génération lettrée à laquelle il appartenait, Hutten, nourri du lait païen, ne tarda pas à s'insurger contre les institutions religieuses et politiques de son pays, contre l'autorité de l'Église, contre les enseignements de la foi et les

[1] *Les Réformateurs*, t. I. Zwingli, p. 225.

règles des mœurs. Franc libertin et franc libre penseur, il déclare une guerre à outrance à tout ce qui s'oppose à l'orgueil de sa raison et à l'émancipation de ses convoitises. Son chant de triomphe en l'honneur du fameux Capnion est son entrée en lice. Capnion ou Reuchlin, justement combattu par les théologiens de Cologne et par les ordres religieux [1], devient pour ce fait le héros des Rationalistes, et ses adversaires des ignorants, des cuistres, des barbares, dont il faut débarrasser la terre qu'ils déshonorent de leur présence.

« Ceignez-vous les flancs, théologastres, leur crie Hutten, et hâtez-vous de fuir. Nous sommes plus de vingt conjurés pour votre infamie et votre ruine. Nous le devons à l'innocence de Capnion, à votre scélératesse, à la *république des lettres*... Le sort en est jeté : reculer est impossible ! Non, les Turcs ne sont pas plus odieux que ces hommes !... Quel pontife si inique nous a imposé leur joug ? Et quel empereur si lâche qui l'a toléré [2] ? »

Le *Triomphe de Capnion* n'est qu'un ballon d'essai, et est bientôt suivi de la fameuse satire intitulée

[1] Perverti par son commerce avec les païens, ce libre penseur commence comme tous les autres par déclamer contre les moines, continue en se faisant disciple de Pythagore, et finit par donner dans la cabale.

[2] *Triomph. Capnion.*

Epistolæ obscurorum virorum, *Lettres des hommes noirs*. Pendant que Pogge, caché avec ses dignes amis dans un coin du Vatican, déverse l'odieux et le ridicule sur les ordres religieux et sur les institutions du moyen âge, Hutten, réfugié dans son château de Steckelberg, compose en compagnie de Crotus Rubianus, Reuchlin et quelques autres, cette diatribe en cinq cents pages qui « fit tant de mal aux moines et à la papauté [1]. » Les plaisanteries de bon et de mauvais goût, les calomnies, les impiétés, les injures grossières, les obscénités y sont répandues à pleines mains. Précurseur de Voltaire, Hutten attaque tout avec l'arme du ridicule : et l'histoire des saints, et les reliques et les pèlerinages. Comme Voltaire, il cherche, par une odieuse profanation, ses traits les plus acérés dans l'Écriture sainte, dont les faits et les maximes, indignement travestis, se transforment sous sa plume en facéties sacriléges.

Par un nouveau trait de conformité qui prouve que l'esprit des fils de la Renaissance était le même dans tous les pays, la satire de Hutten obtint le même succès que les *Facéties* de Pogge. Les éditions se multiplient en latin et en allemand. Tous les lettrés d'Italie, de France, d'Allemagne, de Brabant et d'Angleterre en font leurs délices [2]. On rapporte

[1] *Les Réformateurs*, t. I, p. 51.

[2] *Epist.*, Th. Mori. inter *epist.*, Erasme Rotterd.

qu'Érasme fut guéri d'un abcès, tant il avait ri à la lecture de cet odieux pamphlet.

Enhardi par le succès, Hutten continue sa guerre insensée. Après les avant-postes, il attaque le cœur même de la place. Dans ces nouveaux combats, il ne fait que suivre l'exemple des Renaissants d'Italie. Il vit Rome, et en rapporta la même impression que Boccace, Pogge, Bembo, et plus tard Luther, Montaigne, Rabelais. De là il vint à Paris. « Il s'y rencontra, dit son panégyriste, avec les *libres penseurs* Lefebvre d'Étaples, Budée, Copp et Rueil, et emporta leur amitié. Il les engagea dans la guerre qu'il avait entreprise contre la barbarie scolastique, ou plutôt il les y affermit, car depuis longtemps ces nobles esprits étaient acquis à cette cause [1]. »

La constante préoccupation de Hutten à cette époque, c'est de former une sainte ligue *des libres penseurs contre les oppresseurs de l'esprit humain.* « Plût à Dieu, écrit-il au comte de Nuenar (1517), que tous ceux-là fussent confondus qui s'opposent à la renaissance des lettres!... Si l'Allemagne voulait m'en croire, elle se délivrerait de cette plaie rongeante (les moines) avant de songer à attaquer les Turcs, quoique cela soit aussi bien nécessaire; car aux Turcs, après tout, nous ne disputons que l'empire, tandis que nous souffrons parmi nous les des-

[1] *Les Réformat.*, etc. Hutten.

tructeurs des sciences, des mœurs, de la religion [1]. »

Soulever l'Allemagne contre l'Église ne suffit pas à Hutten. Comme tous les libres penseurs de la Renaissance, il veut une révolte générale de l'Europe contre le Christianisme. « Aussi il continue sans relâche à former sa vaste conspiration antichrétienne de tout ce qui en France, en Allemagne, en Italie, était distingué par la science, le génie, la noblesse ou le mérite ; à lier plus étroitement ses affidés entre eux de manière à les mener à un assaut général et décisif [2].

« Ulric de Hutten et ses amis, précurseurs de la réforme, représentent la réaction de l'incrédulité antique contre les idées fondamentales de la religion et de la révélation. HUTTEN ET LES SIENS PARTAIENT DU POINT DE VUE D'UN PAGANISME GROSSIER.... Ulric de Hutten fut le Catilina allemand du seizième siècle.... Il fut un ultrarationaliste, qui dans l'intimité honorait Cicéron comme un saint apôtre. Sa brutale et grossière incrédulité païenne se rit du ciel et de l'enfer, comme d'un conte absurde inventé par les prêtres [3]. »

Le triomphe du libre penser excite sa joie. Il écrit à son ami Pirckeimer : « Notre parti gagne chaque jour du terrain. Les conseillers de l'empe-

[1] *Les Réformateurs*, *id.*, t. I, p. 82. — [2] *Id.*, *id.* — [3] *Esquisses historiques sur la Réforme*, par le docteur Jarcke, p. 13, 17, 29, 34 et 50.

reur, ceux des princes, sont des nôtres... C'est pourquoi nous appelons les princes Mécène et Auguste, non pas qu'ils méritent déjà ces beaux noms, mais pour faire naître en eux une généreuse émulation. Nous n'avons pas mal réussi jusqu'à présent.... Érasme continue de produire. Guillaume Budée, le plus savant des nobles français, et le plus noble des savants, achève ses annotations sur les *Pandectes:* j'ai sauté de joie à cette nouvelle. Voilà donc, au même moment, deux Hercule exterminateurs de monstres : Érasme et Budée... Ajoute Lefebvre, qui travaille si bien la philosophie... O siècle! ô lettres! qu'il est doux de vivre maintenant, quoiqu'il ne soit pas encore temps de se reposer! Ton heure a sonné, barbarie : ceins-toi les flancs et pars pour un éternel exil [1]. »

Le meilleur moyen de hâter le départ de la barbarie, et de délivrer l'Europe de la plaie rongeante du monachisme, c'est d'attaquer l'Église qui soutient les ordres religieux et les envoie par tout pays répandre la barbarie : Hutten le comprend. En 1519, le fidèle Renaissant édite Tite-Live et lance contre la cour de Rome et contre les légats trois dialogues remplis de fiel et d'ironie. En même temps il attaque la papauté elle-même, en publiant contre saint Grégoire VII une diatribe qu'il dédie effrontément

[1] *Esquisses hist. sur la Réforme*, par le docteur Jarcke, p. 89.

à Léon X. Ces coups, dont le retentissement fut grand dans la nombreuse armée des libres penseurs, ne sont que le prélude d'une attaque plus violente. Bientôt paraît la *Trias romana*, la *Triade romaine*. Il nous en coûte de faire connaître autrement que par le titre cette production que le moyen âge n'aurait jamais crue possible, et que le paganisme seul, avec sa haine impérissable du christianisme, pouvait inspirer. Mais il est nécessaire de dessiller, s'il en est temps encore, les yeux d'une foule d'honnêtes gens qui s'obstinent à nier l'origine du libre penser et ses tendances depuis son apparition en Europe, à l'époque de la Renaissance.

La *Triade romaine* est un dialogue dont les interlocuteurs sont Hutten et l'un de ses amis, Ehrenhold. Hutten raconte à celui-ci ce que lui a dit de la cour de Rome un voyageur nommé Vadiscus. « Trois choses, dit Vadiscus, maintiennent le renom de Rome : la puissance du pape, les reliques et les indulgences. Trois choses sont rapportées de Rome par ceux qui y vont : une mauvaise conscience, un estomac gâté, une bourse vide. Trois choses ne se trouvent pas à Rome : la conscience, la religion, la foi du serment. Les Romains se rient de trois choses : la vertu des ancêtres, la papauté de saint Pierre, le jugement dernier. Trois choses sont en abondance à Rome : le poison, les antiquités, les places vides. Les Romains vendent publiquement trois choses : le Christ, les dignités ecclésiastiques et les femmes. A Rome les pauvres mangent trois choses : les choux, les oignons et les aulx ; et les riches : la sueur des pauvres, les biens escroqués et les dépouilles de la Chrétienté. Rome a trois sortes de citoyens : Simon le Magicien, Judas Iscariote et le peuple de Gomorrhe. Rome est la source impure d'où découlent sur toute nation la détresse, la corruption, la misère; et tous les peuples ne s'entendraient pas pour la tarir[1] ! »

L'ouvrage tout entier est sur le même ton. Telle fut la sensation produite par ce pamphlet, surtout en Allemagne, que désormais le nom le plus odieux en ce pays fut celui de la cour romaine[2]. Et pourtant, chose remarquable ! dans ses plus grandes violences, le demi-protestant Hutten ne fait que répéter à sa manière les diatribes lancées contre Rome par ses prédécesseurs, les Rationalistes catholiques d'Italie : Laurent Valla, Machiavel, Pogge, Bembo lui-même. Voilà où en était l'esprit chrétien parmi les Renaissants de cette époque.

Ce n'est pas tout; on entend aujourd'hui, d'un bout de l'Europe à l'autre, les logiciens du libre penser faire appel à la force pour extirper le Christianisme, et, avec raison, tout le monde crie au scan-

[1] *Analyse de la Triade*, par Meiners; *Biographie des hommes illustres de la Renaissance*, 3 vol. in-8°. — [2] *Cochlæus act.*, etc.

dale. « Le despotisme religieux, disent-ils, ne peut être extirpé sans que l'on sorte de la légalité : aveugle, il appelle *contre soi la force aveugle*[1]. » Or, il est bon de l'apprendre à ceux qui pourraient l'ignorer, les Rationalistes féroces que nous venons de citer et ceux que nous citerons encore ne sont que les continuateurs de Hutten et de leurs aïeux du quinzième siècle.

Cet homme qui écrivait la main sur la garde de son épée s'adresse cette question : « Mais si nous ne pouvons nous affranchir sans verser le sang? » Et il répond : « Que ce sang retombe sur ceux qui ne veulent pas renoncer à leur injuste tyrannie. *Frappons, s'il le faut, par l'épée, ceux qui se sont si souvent servis de l'épée*... Nous purgerons la ville de Rome et son sénat ; nous rendrons à l'empereur la capitale de l'empire ; nous remettrons le pape au niveau des autres évêques : nous diminuerons le revenu des prêtres et leur nombre : *nous en garderons à peine un sur cent*... Quant à ceux qui s'appellent FRÈRES..... *nous les supprimerons complètement*... En détruisant les couvents... nous aurons bien des ressources à employer utilement... Nous donnerons une main aux Bohèmes, qui se sont séparés avant nous de cette engeance rapace, et l'autre aux Grecs, qui se sont *séparés seulement* de la tyran-

[1] Quinet, *Préf.* aux œuvres de Marnix.

nie romaine... Jamais je ne reculerai d'une ligne de tout ce que je viens de dire; *je resterai libre*, car je ne crains pas la mort. Jamais Hutten ne se fera l'esclave d'un souverain étranger, quelque grand qu'il puisse être, et du pape moins que de tout autre; car je croirais me déshonorer, et appeler sur moi la colère divine, si j'adorais la bête à cent têtes[1]. »

Tels sont, mot pour mot, les vœux et les projets du prince des libres penseurs de la Renaissance en Allemagne. Pour qu'il ne manque aucun trait à la ressemblance entre Hutten et les autres Rationalistes de son époque, à l'émancipation de sa raison, le fier apôtre de la force joint l'émancipation de sa chair. Les honteuses débauches auxquelles Hutten se livra, et dont il ne rougit point, lui donnèrent une maladie honteuse qui, après l'avoir tourmenté toute sa vie, le conduisit au tombeau, à l'âge de trente-six ans : (1524) : orgueil et volupté, voilà tout le Rationalisme ancien et moderne. Les écrits de Hutten, secondés par le pinceau d'Holbein et de Cranach, eurent en Allemagne une vogue sans exemple, et la peuplèrent de libres penseurs. Tous devinrent les soutiens de Luther et les fervents apôtres du Protestantisme. Leurs noms et leurs écrits sont connus;

[1] Lettre à Frédéric de Saxe, 1720. Voir les mêmes vœux dans le *Nouveau Karsthans*, autre pamphlet de Hutten.

nous nous dispenserons de les citer ici, l'ayant déjà fait dans notre histoire du Protestantisme.

Ajoutons seulement qu'en Allemagne, comme en Italie, la génération des libres penseurs, fils de la Renaissance et pères du Protestantisme, s'est continuée sans interruption jusqu'à nos jours. Reuchlin et Ulric de Hutten donnent la main à Buschius, à Barthius, à Camerarius, à Cornélius Agrippa, le restaurateur de *Mercure Trismégiste*, qui mérita par son rationalisme impudent les censures de l'Église, et par sa verve satirique la haine de tous ses collègues[1]; à Jacques Acconce, qui dans son livre *De stratagematibus Satanæ*, prêche le mépris du clergé et l'indifférence en matière de religion; à Kant, à Hégel, et à une foule d'autres. A mesure que cette

[1] Pour le caractériser, un d'entre eux lui fit, dans le goût de l'époque, l'épitaphe suivante :

Inter divos, nullos non carpit Momus,
Inter heroas, monstra quæque insectatur Hercules,
Inter demones, rex Erebi Plutus irascitur omnibus umbris.
Inter philosophos, ridet omnia Democritus,
Contra deflet cuncta Heraclitus.
Nescit quæque Pyrrhus,
Et scire se putat cuncta Aristoteles.
Contemnit cuncta Diogenes.
Nullis his parcit Agrippa : contemnit,
Scit, nescit, deflet, ridet, irascitur, insectatur,
Carpit omnia.
Ipse philosophus, demon, heros et omnia.

génération grandit, elle formule plus nettement ses idées. Par l'organe des Rationalistes actuels de l'Allemagne, tels que Heine, Feuerbach et une foule d'autres, l'Europe a entendu des blasphèmes et des cris de révolte contre l'ordre religieux et contre l'ordre social, tels que l'enfer même ne semblait pas capable d'en proférer.

CHAPITRE XII.

LE RATIONALISME DEPUIS LA RENAISSANCE.

ANGLETERRE, ESPAGNE, BELGIQUE.

De l'Italie le Rationalisme passe en Angleterre. — Témoignages. — Ravages qu'il fait. — Il prépare le Protestantisme. — Depuis la Renaissance il continue de régner dans ce pays. — M. Alloury. — Rationalisme en Espagne. — Témoignages. — En Belgique. — Témoignages. — En Pologne et dans le Nord. — Preuves. — Érasme, le type et l'apôtre du libre penser. — Ses ouvrages. — Leur influence. — Scandale de ses lettres. — Singulière justification des Renaissants. — Le Rationalisme, né de la Renaissance, toujours vivant en Belgique. — Son dernier mot. — Ce qu'il faut penser de l'éducation actuelle.

Cisner, Caye, Linacer, dont nous avons esquissé la vie dans l'histoire du *Protestantisme*, et une foule d'autres jeunes Anglais du quinzième siècle, répandirent dans leur pays le libre penser qu'ils étaient venus puiser en Italie, à l'école des Grecs de Constantinople et des premiers Renaissants. La semence ne tarda pas à lever. Bientôt l'Angleterre, comme l'Italie et l'Allemagne, se couvrit de Rationalistes, et se trouva préparée au Protestantisme. Écoutons un auteur anglais de cette époque : « Que dirai-je de l'Angleterre, devenue la sentine de toutes les doctrines empoisonnées? Grand est parmi nous le nombre des athées. Notre peuple est aujourd'hui comme la tribu de Gad, courant aveuglément après les séducteurs. On ne baptise plus les enfants; on ne communie plus; l'oraison dominicale même est abominable [1]. »

Un autre ajoute : « Il n'y a pas une hérésie, pas un blasphème, pas une énormité en fait de doctrine, qui ne se trouve ou qui ne naisse en Angleterre. Depuis le commencement du monde, on n'a jamais vu autant d'opinions monstrueuses qu'il y en a parmi nous [2]. »

Au nombre de ces Rationalistes, ou, comme on les appelait alors, de ces athéistes sans pudeur et sans retenue, se distinguait le trop fameux Briand, que Henri VIII appelait son *vicaire général dans les enfers* [3]. Autour de ce libre penseur de haute qualité, se groupèrent une foule de Rationalistes de

[1] Magnus eorum (atheorum) numerus. Populus noster fit ut tribus Gad, currens post seductores insanum in modum. Infantes non baptisantur, etc.—O'Connor, *Comment. de statu Eccl. Britan.*, p. 50.

[2] ... A condito orbe non fuerunt tot monstrosæ opiniones quot nunc in Anglia.—Thom. Eduard., *In gangrena*; *id.*, Joseph Alles, évêque de Norwich, *État de l'Église anglicane*, section 23; *idem*, J. B. François, notes sur l'*Histoire de de Thou*, c. II.

[3] King, *In Lect. sup. Jonam.*, sect. 32, p. 412.

second ordre, qui infectèrent l'Angleterre de leurs pernicieuses doctrines. Ce qui ne s'était jamais vu dans l'Europe chrétienne, avant la Renaissance, L'ATHÉISME Y FUT PUBLIQUEMENT ENSEIGNÉ, et comme les philosophes païens leurs maîtres et leurs modèles, les professeurs de cette monstrueuse doctrine en tirèrent hardiment la dernière, l'inévitable conséquence: le matérialisme le plus grossier. « Nous avons ici, écrivaient deux auteurs anglais, des professeurs qui enseignent publiquement l'athéisme. Le principal article de leur doctrine est que le chrétien ne diffère en rien de la bête; qu'il ne rendra aucun compte de ses œuvres, mais qu'il mourra comme les animaux et ne ressuscitera jamais [1]. »

Le jésuite Durée, dans sa réponse à Witaker, établit, d'après le témoignage des Anglais eux-mêmes, que l'Angleterre comptait un nombre incalculable d'athées ou de Rationalistes, tellement impies qu'on n'avait pas trouvé d'autre nom pour les désigner que celui d'athées [2]. Voici un témoignage plus grave

[1] Publicos atheismi professores in Anglia extare... atheorum sequentem articulum primarium esse : christianum hominem a bestia nihil penitus differre, neque ab eo reddendam esse unquam operum suorum rationem, sed instar bruti animalis moriturum, nec unquam vel corpore vel anima resurrecturum. — Andreas Philopater, *In respons. ad edict. Elizab.; item*, Parker Barlow; *idem*, Guill. Bos., lib. *De inst. rep. christ.*

[2] *Respons. Witakerii*, p. 432. *Id.*, in-12.

encore. Le célèbre Cass, professeur de philosophie à Oxford, prémunissant la jeunesse contre l'athéisme qui envahissait l'Angleterre, s'exprime ainsi : « C'est une chose horrible à dire, et pourtant il faut la dire : il en est un grand nombre aujourd'hui qui poussent l'audace jusqu'à soutenir que Dieu n'est pas. Dans quel temps nous vivons ! Si je n'avais vu, si je n'avais entendu ces monstres, certes je n'aurais pas traité si longuement ni avec tant de chaleur un pareil sujet [1]. »

Si on voulait citer tous les athées fameux, tous les impies, tous les incrédules, tous les épicuriens, tous les sectaires impurs, ridicules ou fanatiques, en un mot tous les libres penseurs qui ont paru en Angleterre depuis la Renaissance jusqu'à nos jours, c'est à peine si un volume entier pourrait contenir leurs noms. On connaît les Cranmer, les Buchanan, les Hobbes, les Hume, les Bolingbroke, les Collins, et Milton, l'apôtre du divorce et du régicide, tour à tour catholique, protestant, arien, puritain, indépendant, contempteur et disciple de toutes les religions, qui finit par ne conserver que celle de la Renaissance, la religion du libre penser. Viennent ensuite les Toland, les Tindal, et ce Bever-

[1] ... Si non vidissem, si non audissem hæc monstra, certe tam multus, vehemens ac copiosus in hac causa non fuissem. — *Prolegom. ad phys.*, p. 14, 15 et 16.

land athée, épicurien, dont les ouvrages furent condamnés au feu par les protestants eux-mêmes : génération innombrable qui vit encore et qui révèle son existence par une haine satanique contre la vérité, par le matérialisme le plus complet et enfin par des obscénités que la police anglaise est obligée de condamner en rougissant. Or, si vous demandez à cette génération quelle est son origine, elle vous montre, en Angleterre comme en Allemagne et en Italie, non pas le Protestantisme, mais la Renaissance. Avec les voltairiens français elle vous répond, l'histoire à la main : « *Nous sommes les fils de la Renaissance avant d'être les fils de la Révolution ; dire que la Réforme est sortie de la Renaissance, ce n'est pas calomnier la Renaissance ; c'est seulement reconnaître qu'elle a produit des effets divers suivant les lieux et les circonstances*[1]. »

Malgré l'Inquisition, la catholique Espagne n'échappa point à la contagion du libre penser. A partir de la Renaissance, les athées pratiques y devinrent très-nombreux, surtout parmi les grands et les lettrés. On peut consulter sur ce fait nos auteurs français du seizième siècle : ayant à défendre leur pays du reproche d'athéisme que lui faisaient les Espagnols, ils prouvent par de nombreux documents que la même ivraie germait avec vigueur dans l'an-

[1] *Les Débats*, 30 avril 1852.

tique Ibérie. La nécessité d'être court nous oblige à renvoyer le lecteur à leurs écrits, et entre tous à l'ouvrage de Perrier intitulé *Le catholique d'État* [1].

Citons seulement Sépulveda, renaissant zélé, grand ami d'Alde Manuce, de Pomponace, de Musurus, qui, dans le commerce des païens et de leurs admirateurs, oublie tellement les principes élémentaires du droit chrétien, qu'il ose soutenir contre Las Casas que les Espagnols ont le droit de tuer les Indiens comme des bêtes.

Entre beaucoup d'autres, le Portugal vit sortir de l'école de la Renaissance Emmanuel de Faria, trois fois apôtre du libre penser et dans sa philosophie indépendante, et dans ses poésies obscènes, et dans ses mœurs licencieuses [2].

Que dire de la Belgique et des Pays-Bas? C'est dans ces contrées qu'Érasme se flatte d'avoir le premier pondu l'œuf du libre penser, duquel Luther fit éclore le Protestantisme. *Ego peperi ovum, Lutherus exclusit.* Tel père, tel fils; tel principe, telle conséquence. Aussi le célèbre Voigt ne craint pas d'appeler la Belgique de la Renaissance l'*Afrique de tous les monstres du libertinage et du fanatisme* [3].

[1] Hispania quam plurimos atheos in primis practicos magno numero hactenus aluit, etc. — Spiz., p. 32; *id.*, *Vindiciæ Gallicæ contr. Martem gallicum*, c. XXIX. — [2] Nicéron, *Mém.*, t. XXXVI. — [3] Libertinorum fanaticorum monstrorum Africam. — *Disp. select.*, t. I, p. 223.

Le Hollandais François Junius écrit de son pays, et en particulier d'Amsterdam, que c'est l'asile des athées, et qu'on y trouve une foule considérable de personnes qui se précipitent à l'envi dans l'athéisme. Telle est l'audace de ces libres penseurs, qu'ils nient non-seulement l'existence de Dieu, mais encore les anges, les démons et l'immortalité de l'âme [1].

Le même fléau, complétement inconnu du moyen âge, envahit, avec la Renaissance, la Pologne, le Danemark, la Suède et la Livonie [2].

Nous aurions ici une foule de noms à faire connaître ; contentons-nous d'en citer un seul qui résume, pour le nord de l'Europe, l'esprit de la Renaissance en matière de mœurs et de croyances. Érasme est le type et l'apôtre du Rationalisme, tel qu'il pouvait se montrer à cette époque dans un pays socialement catholique. Fanatique de l'antiquité païenne, rien dans le moyen âge et presque rien dans le Christianisme ne trouve grâce devant lui. Vingt ans avant Luther, sa verve satirique a répandu contre les institutions religieuses et sociales

[1] Hinc plurimi certatim ruunt in atheismum, lib. VI, *Theolog.* — Translationem hanc elaboravi ut convincerem homines illos in Belgio qui negare audeant angelos, diabolos, animos immortales, imo ipsum Deum. — *Interpres Belg. Mercurii Trismeg. Præf.*

[2] Wigand, lib. *De Deo contr. Arian;* Hermenz, *Tract. de lege naturæ; id.*, Birkerod, etc.

de la vieille Europe, contre les moines, contre les théologiens, contre les prélats mêmes placés au sommet de la hiérarchie, des épigrammes, des invectives, des calomnies qui sont dans toutes les bouches.

Grâce à l'esprit voltairien éveillé par la Renaissance, les ouvrages d'Érasme eurent un succès fou. Simon de Colines, qui réimprima les *Colloques* en 1527, les tira à vingt-quatre mille exemplaires, qui furent tous enlevés en quelques mois. Ils étaient le *vade-mecum* de tout lettré, homme ou femme. On les lisait publiquement dans les colléges, jusqu'à ce que les cardinaux chargés par Paul III de la réforme des abus en interdirent la lecture [1]. L'*Éloge de la folie* [2], qui parut pour la première fois en 1505 avec les caricatures d'Holbein, eut près de cent éditions. C'est une diatribe en cinq cent vingt-huit pages, à la manière de Pogge et de Machiavel, contre les papes, les cardinaux, les théologiens, les prédicateurs et surtout contre les ordres religieux. Les grands et les princes battirent des mains en voyant bafouer la puissance spirituelle, qu'ils regardaient follement comme la rivale de la leur : ils ne savaient pas que leur tour

[1] Voici le titre de quelques-uns : *Procaci et Puellæ*, — *Pamphilus*, *Maria*, — *Virgo Misogamos*, — *Virgo Pœnitens*, — *Conjugium*, — *Diversoria*, — *Conjugium impar*, — *Adolescens et Scortus*. — Les Colloques furent aussi et bien justement condamnés par l'Université de Paris, en 1528.

[2] *Moriæ elogium*, dédié à Thomas Morus.

viendrait [1]. Ce que nous venons de dire des *Colloques* et de l'*Éloge de la folie* s'applique aux *Adages*.

Dans Érasme comme dans la plupart des lettrés de la Renaissance, l'émancipation de la chair se joint à l'émancipation de la raison. Ne parlons ni du portrait que Scaliger nous a laissé de la conduite d'Érasme [2], ni des obscénités dont Érasme a parsemé ses ouvrages ; contentons-nous de citer quelques passages d'une de ses lettres. Voici ce que cet homme, *prêtre et religieux,* écrit à un de ses amis pour l'engager à venir en Angleterre, *où la Renaissance triomphe et où elle porte ses fruits naturels :* « Si tu connaissais bien les qualités de l'Angleterre, tu volerais dans ce pays; et si la goutte te privait de l'usage de tes pieds, tu désirerais être Dédale. Pour n'indiquer qu'un des nombreux plaisirs qu'on goûte dans ce pays, on y trouve des Nymphes d'une beauté divine, caressantes et faciles, et que tu préférerais sans contredit à tes Muses. Il y a de plus un usage qu'on ne peut assez louer. Si tu arrives, tout le monde te reçoit en te couvrant de baisers; si tu pars, on ne te laisse aller qu'après t'avoir baisé; tu reviens, les baisers recommencent; de quelque côté

[1] Vix aliud (opus) majore plausu exceptum est, præsertim apud magnates. Paucos tantum monachos eosque deterrimos, ac theologos nonnullos morosiores offendit libertas. — Erasme, *Ep. ad Botzhemum.* — [2] *Orat.*, II.

que tu te tournes, tu reçois des baisers. Si tu avais éprouvé combien ils sont doux et embaumés, tu quitterais ton pays, non pour dix ans seulement, comme fit Solon, mais tu voudrais mourir en Angleterre [1]. »

N'est-ce pas le lieu de s'écrier : « Eh quoi ! d'un prêtre est-ce là le langage ? Non, d'un prêtre du moyen âge, où ne triomphaient pas les belles-lettres ; oui, d'un prêtre nourri comme Érasme des auteurs païens et tel, pour la honte de l'Église, que la Renaissance en forma un si grand nombre dans toute l'Europe. Remarquons comme toutes ces *lascivetés* sont émaillées de souvenirs païens. Ce genre était la gloire de l'époque ; pour nous, c'est le certificat d'origine.

Il est assez curieux de savoir comment les Renaissants, prêtres et religieux, essayaient de justifier le

[1] Apud Anglos triumphant bonæ litteræ, recta studia. — *Ep.*, lib. XVI, *ep.* 19 et 27.

... Sunt hic Nymphæ divinis vultibus, blandæ, faciles, et quas tu tuis Camœnis facile anteponas. Est præterea mos numquam satis laudatus. Sive quò venias, omnium osculis exciperis ; sive discedas aliquò, osculis dimitteris ; redis, redduntur suavia ; venitur ad te, propinantur suavia ; disceditur abs te, dividuntur basia ; occurritur alicubi, basiatur affatim ; denique quocumque te moveas, suaviorum plena sunt omnia. Quæ si tu, fauste, gustasses semel quam sint mollicula, quam fragrantia, profecto cuperes, non decennium solum, ut Solon fecit, sed ad mortem usque in Anglia peregrinari. — *Ep.*, lib. V, *ep.* 10.

soin jaloux qu'ils apportaient à embellir leurs ouvrages de réminiscences païennes, et leur zèle infatigable à recueillir les débris artistiques ou littéraires de l'antiquité. Les uns usaient leur vie de chrétiens, de prêtres et de religieux, à restituer un texte, à rectifier l'orthographe d'un nom, à colliger des variantes, à rassembler les fragments épars de quelque auteur; les autres, à ramasser des tronçons de colonnes, des bustes, des pieds, des bras, des nez, de quelques statues païennes, tandis qu'ils dédaignaient les plus beaux monuments de la littérature et de l'art chrétien. Le croirait-on? Pour justifier ses confrères et pour se justifier lui-même d'un pareil fanatisme; que dis-je? pour montrer qu'il rentre dans les devoirs du clergé, le célèbre Étienne Ricci, traducteur, annotateur, commentateur allemand des *Géorgiques* de Virgile, n'hésite pas à invoquer l'autorité de Jésus-Christ, qui aurait commandé ce genre de travail, et l'intérêt de la Religion à laquelle il serait indispensable.

« Le Fils de Dieu Notre Seigneur Jésus-Christ, dit-il, ordonne à ses apôtres de recueillir les restes du repas miraculeux, de peur qu'ils ne soient perdus. Ce précepte ne doit pas s'entendre seulement de la transmission de la doctrine évangélique à la postérité; mais encore de la conservation des fragments *des bons auteurs et des bons artistes en quelque genre que ce soit*. En effet, les lettres et les arts sont des dons de Dieu, les secours nécessaires de la vie humaine et les ornements indispensables de l'Église. Je ne rougis donc point du travail auquel je me suis consacré, puisqu'il a pour but de ramasser les miettes des auteurs classiques, d'en faire le profit de la jeunesse, et d'empêcher qu'une négligence coupable ne les laisse périr [1]. »

Il est facile de répondre à Ricci qu'il y a art et art, littérature et littérature, philosophie et philosophie; que s'il est utile de conserver ce qu'il y a de vraiment bon dans l'antiquité, il est peu digne d'un prêtre et même d'un chrétien de consacrer sa vie à ce genre d'occupation, surtout lorsque, par une préférence odieuse, on ne néglige rien pour sauver de l'oubli les restes du Paganisme, tandis qu'on méprise, qu'on laisse dans l'ombre les plus beaux et les plus utiles monuments de l'art, de la

[1] Jubet Filius Dei, D. N. J. C., apostolos ipsos colligere fragmenta, ne quid pereat. Id non tantum de doctrina Evangelii ad posteros propaganda intelligendum est, sed etiam de reliquis bonorum scriptorum in quocumque genere artium conservandis accommodari debet. Nam et artes sunt dona Dei, et vitæ humanæ præsidia necessaria, et ornamenta Ecclesiæ necessaria. Non igitur pudet me hujus operæ, qua etiam in scholastico studiorum genere micas cadentes de mensis præceptorum colligere, et ad discentium usum aliquem, ne temere ab aliis neglectæ pereant, conservare studeo. — *Vid.* Thom. Crenium, *Exercitationes philologico-historic.* Lugd. Batav. In-18, 1697.

littérature et de la philosophie chrétienne : *Hæc oportuit facere, et illa non omittere.*.

Quoi qu'il en soit, la génération des libres penseurs allemands, belges et bataves, à laquelle, *antérieurement à Luther,* donnèrent naissance Érasme, Reuchlin, Hutten, s'est perpétuée jusqu'à nos jours. On la voit au seizième siècle peupler la Haye, Amsterdam, Rotterdam, et inonder l'Europe de ses doctrines; au dix-septième siècle, elle se personnifie en Hollande dans le sceptique Spinosa, comme au seizième elle s'était personnifiée en Belgique dans Marnix du mont Sainte-Aldegonde. A l'exemple d'Érasme, ce nouveau libre penseur publia (1571) sa Ruche romaine, *Alvearium romanum.* Ce livre, rempli de contes burlesques, fut reçu par tous les lettrés avec un applaudissement incroyable, donna lieu à de nombreuses défections au Protestantisme, et fit plus de tort à la Religion que n'aurait fait un livre sérieux et savant. « Les *Colloques* d'Érasme, dit un auteur protestant, avaient produit le même effet [1]. »

Plus audacieuse à mesure qu'elle grandit, cette génération, pour qui rien n'est sacré, proclame aujourd'hui, au milieu d'un concert de louanges, les doctrines *crûment proudhoniennes* de Marnix. Faisant la biographie de son *illustre* aïeul : « Marnix, dit

[1] Melch. Adam., *Vit. jurisconsult.*, p. 316.

M. Quinet, n'a pas voulu seulement, à l'exemple d'autres écrivains, discuter l'Église de Rome comme un point littéraire. La lutte est sérieuse et à outrance. IL S'AGIT NON-SEULEMENT DE RÉFUTER LE PAPISME, MAIS DE L'EXTIRPER; non-seulement de l'extirper, MAIS DE LE DÉSHONORER; non-seulement de le déshonorer, MAIS, comme le voulait l'ancienne loi germanique contre l'adultère, DE L'ÉTOUFFER DANS LA BOUE. Tel est le but de Marnix. Voilà pourquoi, après la dialectique la plus forte, la plus savante, la plus lumineuse, il étend l'opprobre sur le cadavre qu'il traîne dans le grand cloaque de Rabelais. Ne cherchez donc point ici la capitulation de notre temps. C'est un livre non de ruse, mais de véracité, *sans merci et sans quartier*. Si vous voulez être abusé, ne le lisez pas. Ce qu'il vous promet, il vous le donne. Pour quiconque l'aura lu jusqu'au bout, LE DOGME CATHOLIQUE AURA DISPARU DE FOND EN COMBLE [1]. »

[1] Préf. à l'ouvrage de Marnix.

CHAPITRE XIII.

LE RATIONALISME DEPUIS LA RENAISSANCE. — FRANCE.

Rabelais continuateur de Pogge. — Montaigne libre penseur et épicurien dans ses écrits. — La Boétie. — Charron. — Budée. — Copp. — Rueil. — Lefebvre d'Étaples. — Lamothe-Levayer. — Bayle. — Bodin. — Descartes.

« On ne trouve pas d'athées ou de Rationalistes en France avant le règne de François Ier, ni en Italie qu'après la dernière prise de Constantinople. » Voilà ce qu'ont écrit Spizélius, Thomasius, Bayle et une foule d'autres auteurs. « A la même époque, ajoute Voltaire, un athéisme funeste, qui est le contraire du théisme, *naquit* dans presque toute l'Europe [1]. » L'histoire à la main nous avons justifié ce triste témoignage à l'égard des nations étrangères ; il reste à le vérifier pour notre patrie.

De tous les corps savants, la Sorbonne fut, avec l'université de Cologne, celui qui s'opposa avec le plus d'énergie à la renaissance du Paganisme. Dans

[1] *Essai sur les mœurs*, t. II, p. 301.

cette lutte décisive qui devait changer la face de l'Europe, se distinguèrent entre tous les deux célèbres docteurs Béda et Gabriel de Puyherbaut. Pendant de longues années, ils signalèrent, dans des écrits dont la solidité égale l'éloquence, l'influence désastreuse du mouvement insensé qui entraînait leur siècle vers l'antiquité païenne. Malheureusement leur voix prophétique ne fut pas écoutée. La cour et la ville, le roi et le parlement, l'université et les poëtes, travaillaient à l'envi à faire fleurir en France la belle littérature, la belle poésie, la belle philosophie, que l'Allemagne, l'Angleterre et surtout l'Italie se glorifiaient d'avoir retrouvées à l'école des Grecs venus de Constantinople.

Bientôt les digues furent rompues, et le libre penser déborda sur la France. Notre patrie, jusque-là si catholique, vit éclore dans son sein, comme dans le reste de l'Europe, toute une génération de Rationalistes. Les uns par leurs raisonnements, les autres par leurs chants, ceux-ci par les obscénités de leur pinceau et de leur burin, ceux-là par leurs travaux philologiques, presque tous par le scandale éclatant de leur vie, ébranlèrent les croyances et corrompirent les mœurs. Contentons-nous de citer quelques noms.

Épicurien et libre penseur, Pogge est le type, comme le premier en date, des Renaissants italiens : Rabelais fut le Pogge de la France. « Pour être un parfait misérable, aucun vice ne lui manque, écrit son contemporain Gabriel de Puyherbaut; ne cherchez en lui ni crainte de Dieu ni respect pour l'homme. Il foule également aux pieds les choses divines et les choses humaines, et se moque de tout. Quel est le Diagoras qui ait jamais parlé plus mal de Dieu ? Quel est le Timon qui ait jamais plus insulté l'humanité [1] ?

La première tâche de Rabelais est de jeter à pleines mains l'odieux et le ridicule sur l'ordre religieux et social du moyen âge, sur l'Église qui l'avait inspiré et sur les ordres monastiques par lesquels l'Église le défendait. Dans l'Europe entière cette tâche fut celle de presque tous les Renaissants, prêtres ou laïques : Pogge, Machiavel, le Mantouan, Érasme et une foule d'autres. Dans son *Pantagruel*, Rabelais surpasse tous ses devanciers. Des impiétés et des obscénités sans nom, jointes à des calomnies odieuses et à une gaieté bouffonne, composent cette satire atroce contre les moines. Par l'esprit frondeur, la licence, l'incrédulité qu'ils respirent, les autres ouvrages de Rabelais, tels que ses *Lettres*, son *Gargantua*, ses *Songes drôlatiques*, forment un immense scandale, et continuent en le grossissant le torrent d'obscénités ouvert par les *Facéties* de Pogge. Ajou-

[1] Huic Rabelaisio nostro quid ad absolutam improbitatem deesse potest? etc. — *Theotim.*, lib. II, p. 180.

tons que les écrits de Rabelais, comme ceux de Pogge, furent accueillis avec applaudissement et eurent de nombreuses éditions. Afin d'aider au triomphe de l'athéisme et de la corruption dont ils furent parmi nous les premiers propagateurs, la gravure écrivit pour les yeux les scènes coupables que Rabelais présente à l'imagination.

Rabelais n'était pas encore descendu dans la tombe (1553) qu'un autre libre penseur, également fils de la Renaissance, vint continuer son œuvre. Moins échevelé, plus poli, plus contenu que le curé de Meudon, Michel Montaigne, né en 1533, attaque avec un déplorable succès les deux choses les plus sacrées parmi les hommes, les croyances et les mœurs. Qu'on ne s'étonne pas si nous rangeons Montaigne parmi les Rationalistes et les épicuriens. La foi vraie est toujours affirmative ; le libre penser est tantôt affirmatif, tantôt négatif, suivant les caprices de la raison. Si on a pu faire le *Christianisme de Montaigne*, avec plus de facilité on peut faire le *Scepticisme de Montaigne*. En lui il y a deux hommes : le païen, fils de son éducation littéraire ; le chrétien, fils de son éducation maternelle. Pour qui a lu les *Essais*, rien n'est moins contestable.

Loin de nous la pensée de soupçonner la sincérité de Montaigne lorsqu'il écrit qu'il soumet son ouvrage « à l'Église catholique, apostolique et romaine, en laquelle je meurs et en laquelle je suis né[1]. » Nous dirons seulement que les libres penseurs d'Italie les plus fameux, tels que Pomponace, Nifus, Cardan, firent la même profession de foi. Nous ajouterons avec Tiraboschi que, suivant la maxime du droit : *Contre le fait la protestation ne vaut. Protestatio facto contraria non valet.* Or, Michel Montaigne a le fait contre lui. Est-ce un chrétien ou un libre penseur qui parle ainsi du suicide ? « La plus volontaire mort, c'est la plus belle ; la vie dépend de la volonté d'autrui ; la mort, de la nôtre. En aucune chose, nous ne devons tant nous accommoder à nos humeurs qu'en celle-là ; la réputation ne touche pas à une telle entreprise ; c'est folie d'y avoir respect[2]. »

Malgré sa foi à l'Église catholique, dépositaire exclusive de la vérité, Montaigne tombe fréquemment dans des accès de scepticisme. A propos des cannibales, il trouve que nous avons tort de les appeler sauvages, car ils sont plus près que nous de *notre grande et puissante mère nature.* Il va jusqu'à nier à la vérité son caractère absolu, jusqu'à ne faire plus de l'intelligence humaine que le jouet des préjugés. « Nous n'avons, dit-il, autre mire de la vérité et de la raison que l'exemple et l'idée des opinions et usances du pays où nous sommes. Là est toujours la parfaite

[1] Livre I, c. LVI. — [2] Livre II, c. III.

religion, la parfaite police, parfait et accompli usage de toute chose[1]. »

Ailleurs, oubliant toutes les règles chrétiennes de la pudeur, il confesse qu'il a la bouche effrontée[2], et il écrit des contes qui n'ont rien à envier pour la brutalité aux contes plus ou moins fameux dont le seizième siècle amusait son imagination libertine. Nous ne toucherons pas même de loin certains chapitres qui, sous des titres innocents, renferment d'inqualifiables obscénités.

Plus loin, il substitue à l'humilité chrétienne, au détachement évangélique du monde et de la vie, la froide et orgueilleuse philosophie des stoïciens, qui a la prétention de se suffire à elle-même[3]; puis il discute sur la mort à la façon de *Cicero* et de *Seneca*, allume une dernière fois cette lanterne cynique de Diogène pour visiter tous les recoins de son âme; anatomise la maladie et la douleur, et finit en invoquant, comme le bien suprême, la médiocrité, la santé de l'âme et du corps, une vieillesse honorée, sommeillant au doux chant des Muses, avec une strophe d'Horace.

Toutefois, à l'approche de la mort, l'humaniste disparut pour faire place au chrétien. Montaigne fit célébrer la messe dans sa chambre et mourut dans

[1] Livre I, chap. XXX. — [2] Livre III, chap. V. — [3] Livre I, chap. XXXVIII.

des sentiments qui, nous devons l'espérer, lui auront fait trouver grâce devant Dieu.

Quoi qu'il en soit, Montaigne est, suivant sa propre expression, un de ces *métis* tels que le moyen âge n'en connut point; un de ces libres penseurs qui, sous l'apparence de la bonhomie et du respect pour la religion, ont le plus contribué à populariser parmi nous le double libertinage de la pensée et de la parole. Aussi, l'Église l'a justement condamné et pour le scepticisme dont il se joue et pour les immondices de ses écrits. Ce qu'il y a de remarquable, c'est qu'à l'exemple d'Érasme et de Voltaire il se moque même des auteurs païens qu'il adore et qui l'ont perverti. Tous ces sages, tous ces chefs d'école, tous ces maîtres de la pensée, tous ces renommés précepteurs de l'esprit humain, depuis Pythagore *qui adumbra la vérité de plus près sans l'atteindre,* jusqu'à Socrate *qui va toujours demandant et émouvant la dispute, non jamais l'arrêtant, jamais satisfaisant,* jusqu'à Platon *qui n'est qu'un poète décousu,* il trouve tous ces maîtres de la sagesse naturelle, doutant, niant, se contredisant, cherchant la vérité, disent-ils, et au moindre rayon lui tournant le dos pour s'enfoncer dans les ténèbres de leur orgueil et dans la boue de leurs passions. Et il conclut : « Fiez-vous à votre philosophie ; vantez-vous d'avoir trouvé la fève au gâteau ; à voir ce tintamarre de tant de cervelles philosophiques qui fagotterait suffisamment un amas des âneries de l'humaine sapience, il dirait des merveilles [1]. »

A l'école de Montaigne appartiennent de nombreux disciples, entre autres le démocrate la Boétie et Charron le rationaliste, plus païen que son maître : déiste, socinien, attaquant l'immortalité de l'âme et prêchant l'impudicité [2]. Viennent encore Budée, Reuil, Copp, Lefebvre d'Étaples; plus tard, la Mothe-Levayer, une foule d'autres et Bayle, qui les résume tous. Digne fils de la Renaissance, apôtre du libre penser, écrivain d'obscénités révoltantes, Bayle se définit lui-même : *Je suis Jupiter assemble-nues, tout mon talent est de former des doutes.* Et ailleurs : *Je ne suis ni luthérien, ni calviniste, ni anglican, ni catholique; je suis protestant, parce que je proteste contre tout ce qui se dit et ce qui se fait.*

Sur une ligne parallèle marchent Bodin et les libres penseurs politiques sortis de l'école de Machiavel, et dont la doctrine toute païenne s'est résumée de nos jours dans le mot célèbre : *la loi est athée, et elle doit l'être.*

Nous n'en finirions pas si nous voulions citer tous les Rationalistes qui pullulent en France depuis la Renaissance jusqu'à la fin du siècle de Louis XIV. Venons à celui qui, *le premier parmi nous*, *formula*

[1] Liv. I, c. XXXVIII.— [2] Voir sa *Sagesse* et *Apolog.* du P. Garasse.

nettement la philosophie du doute et érigea le libre penser en système : nous avons nommé Descartes. Sans scruter ses intentions, sans recommencer l'exposé tant de fois donné de sa méthode philosophique, il suffit pour apprécier Descartes de rappeler que son système a été censuré par la Sorbonne, proscrit par les protestants eux-mêmes, et condamné par le Saint-Siége ; qu'il donna naissance à Spinosa, le géomètre du scepticisme et de l'athéisme, suivant la pensée de Bayle[1] ; qu'il a été accusé par la *censure* de sa philosophie d'avoir puisé la

[1] « Le dogme de l'âme du monde, si commun parmi les anciens, tels que Virgile, Platon, Zénon, Caton, Lucain, et autres célèbres classiques, est, dans le fond, celui de Spinosa. Cela paraîtrait plus clairement si des auteurs géomètres l'avaient expliqué ; mais comme les écrits où il en est fait mention tiennent plus de la méthode des rhétoriciens que de la méthode dogmatique, et qu'au contraire Spinosa s'est attaché à la précision, de là vient que nous trouvons plusieurs différences capitales entre son système et celui de l'âme du monde. » — *Dictionnaire*, art. *Spinosa.* — Grand amateur des classiques païens, Spinosa tourna son esprit vers la philosophie, prit Descartes pour guide, et les conséquences géométriquement déduites des principes de son maître le conduisirent à l'athéisme.

Fuit ab ineunte juventute litteris innutritus..... Postea se totum philosophiæ dedit : ad hoc propositum urgendum scripta philosophica nobilissimi et summi philosophi Renati Descartes magno ei fuerunt adjumento. — Præf., *Oper. post hum.*

Le titre seul du principal ouvrage de Spinosa prouve la filiation cartésienne : *Benedict de Spinosa Renati Descartes principiorum philosophiæ pars prima et secunda more geometrico demonstrata.*

plupart de ses principes dans l'ouvrage sceptique de Jordano Bruno [1]; qu'il a été exalté par tous les libres penseurs comme le père du Rationalisme, dont il a donné la formule.

« Au chancelier Bacon, s'écrie d'Alembert, succéda l'illustre Descartes. Cet homme rare avait tout ce qu'il faut pour changer la face de la philosophie. Descartes a osé montrer aux bons esprits à secouer le joug de la scolastique, de l'opinion, de l'autorité, en un mot, des préjugés et de la barbarie; et *par cette révolte dont nous recueillons aujourd'hui les fruits*, il a rendu à la philosophie un service plus essentiel peut-être que tous ceux qu'elle doit à ses illustres prédécesseurs. ON PEUT LE REGARDER COMME UN CHEF DE CONJURÉS QUI A EU LE COURAGE DE S'ÉLEVER LE PREMIER CONTRE UNE PUISSANCE DESPOTIQUE ET ARBITRAIRE, et qui, en préparant une révolution éclatante, a jeté les fondements d'un gouvernement plus juste et plus heureux qu'il n'a pu voir établi [2]. »

Condorcet n'est pas moins explicite. « Le dépôt

[1] Creditur Cartesium a Bruno sua principia ut plurimum hausisse. Extitit inter novitios philosophos Jordanus quidam Brunus Nolanus, quem cartesianæ doctrinæ antesignatum jure dicas, adeo accurate omnem propemodum ejus compositionem præsignavit in eo libro quem *De immenso et innumerabilibus* inscripsit. — *Censur. phil. cartes.* c. VIII, p. 215. Édit. Paris, 1689. — Voir aussi Thomasius, *Hist. atheism.*, p. 35.

[2] *Disc. prélim. de l'Encyclop.*, t. I, p. 268-271.

des anciennes connaissances, dit-il, conservé dans les livres grecs, que les gens de lettres, chassés de Constantinople, firent connaître à l'Italie, y ranima le goût des sciences. *Descartes*, avec un génie plus vaste et plus hardi, *vint mettre la dernière main à la Révolution. Il brisa toutes les chaînes dont l'opinion avait chargé l'esprit humain;* et, portant à la fois sur tous les objets donnés à notre intelligence sa philosophie audacieuse et hardie, ASSURA POUR TOUJOURS A LA RAISON SES DROITS ET SON INDÉPENDANCE[1]. »

« Esprit indépendant, continuent les Rationalistes de nos jours, novateur hardi, génie d'une singulière puissance, Descartes aimait trop à se faire lui-même ses idées, à se confier à son sentiment intime, pour ne pas reconnaître l'autorité de la raison individuelle, et le droit qu'elle a d'examiner et de juger toute espèce de doctrine. C'est la gloire de Descartes d'avoir proclamé et pratiqué ces principes, et d'être l'auteur de cette réforme intellectuelle, qui a porté son fruit aux dix-septième et dix-huitième siècles, et qui, AUJOURD'HUI PLUS QUE JAMAIS, EXERCE SON INFLUENCE SUR LE MONDE PHILOSOPHIQUE. AUJOURD'HUI, EN EFFET, GRACE A DESCARTES, NOUS SOMMES TOUS PROTESTANTS EN PHILOSOPHIE; COMME NOUS SOMMES, GRACE A LUTHER, TOUS PROTESTANTS EN RELIGION[2]. »

[1] *Discours sur les sciences math.*, 1786. — [2] *Globe*, n° 147.

A ces témoignages qu'il serait facile de multiplier, contentons-nous d'ajouter celui de la Révolution française. Lorsque, faisant connaître au monde sa généalogie, elle recherche ses aïeux pour les glorifier, en fille reconnaissante, elle n'eut garde d'oublier Descartes. Quelques jours avant de placer la Raison sur les autels de la France régénérée, elle décrète l'apothéose du philosophe moderne, qu'elle regarde comme le meilleur apôtre de la Déesse. La pièce suivante, assez peu connue, servira à édifier les *philosophes catholiques*, qui s'obstinent à défendre le Rationalisme ou le semi-Rationalisme cartésien.

Le mercredi 2 octobre 1793, Chénier, au nom du Comité d'instruction publique, monte à la tribune et propose à la Convention de placer Descartes au Panthéon, à côté de Voltaire et de Rousseau. Pour obtenir cet honneur, il se fonde : 1° sur la nécessité de manifester aux yeux de l'Europe le respect de la Révolution pour la philosophie, sa mère ; 2° sur la haute justice qu'une nation devenue libre en devenant philosophe doit rendre à l'homme prodigieux qui apprit à l'humanité A EXAMINER ET NON PAS A CROIRE. « En conséquence, votre Comité demande pour René Descartes les honneurs du Panthéon français. Ainsi, la nation française et la Convention nationale seront associées à la gloire de ce profond penseur, qui a posé, pour ainsi dire, le flambeau sur la route des siècles, et dont l'existence est une époque remarquable dans l'histoire du génie des hommes. »

Le même jour la Convention décrète ce qui suit :

« Art. 1er. René Descartes a mérité les honneurs dus aux grands hommes.

» Art. 2. Le corps de ce philosophe sera transféré au Panthéon français.

» Art. 3. Sur le tombeau de Descartes seront gravés ces mots :

AU NOM DU PEUPLE FRANÇAIS,
LA CONVENTION NATIONALE
A RENÉ DESCARTES.
1793. L'AN SECOND DE LA RÉPUBLIQUE.

» Art. 4. Le Comité d'instruction publique se concertera avec le ministre de l'intérieur pour fixer le jour de la translation.

» Art. 5. La Convention nationale assistera en corps à cette solennité. Le Conseil exécutif provisoire et les différentes autorités constituées renfermées dans l'enceinte de Paris y assisteront également. — A Paris, le seizième jour du premier mois de l'an II de la République française une et indivisible. — L.-J. Charlier, président. Pons (de Verdun) et Louis (du Bas-Rhin), secrétaires [1]. »

[1] *Monit. id.*, et *Collection des décrets*, etc.

La nomenclature de tous les libres penseurs français issus de Descartes nous conduirait trop loin. Qu'il suffise pour le moment de rappeler que, loin de s'éteindre, cette génération de Rationalistes se développe au dix-huitième siècle, dans Voltaire, Rousseau, d'Alembert, d'Holbach, Helvétius, Lamettrie, les encyclopédistes, les parlementaires et la noblesse de cour. Triomphante en 93, réduite au silence sous l'Empire, elle reparaît sous la Restauration. Sous Louis-Philippe elle reprend toutes ses anciennes allures, s'implante partout, enseigne dans les journaux, dans les revues et dans les chaires publiques. Aujourd'hui, continuant son œuvre, elle attaque avec plus de retenue peut-être, mais avec non moins d'opiniâtreté et de perfidie, le Catholicisme sur tous les points, proclame hautement le naturalisme païen à la place du surnaturalisme chrétien, la religion de Socrate à la place de la religion de Jésus-Christ, et menace l'Église et la société des plus redoutables épreuves qu'elles aient jamais subies.

CHAPITRE XIV.

LE RATIONALISME DEPUIS LA RENAISSANCE. — FRANCE.

Desportes. — Regnier. — Amyot. — Malherbe. — Saint-Évremond. — Mot de madame de Maintenon. — La pléiade poétique. — Sacrifice du bouc. — Les artistes enseignent le libre penser. — Leurs œuvres. — Effet de l'enseignement littéraire et artistique du libre penser : athéisme dogmatique et athéisme pratique. — Grand nombre d'athées en France. — Témoignages.

Au Rationalisme *philosophique*, nous avons vu s'ajouter en Italie le Rationalisme *moral* : c'est-à-dire que l'émancipation de la raison donna lieu à l'émancipation de la chair. Les épicuriens, ou, comme on les appelait à l'époque de la Renaissance, les *athéistes pratiques*, n'y furent pas moins nombreux que les athées spéculatifs. Il en fut de même dans le reste de l'Europe, et surtout en France. Les apôtres de l'athéisme pratique furent parmi nous, comme en Italie, les humanistes de tout genre et de toute robe, les poëtes et les artistes.

Ici encore contentons-nous de citer quelques noms, parmi des centaines que nous passerons sous silence. Un des premiers traducteurs français de l'épicuréisme païen fut le poëte Desportes. Imitateur de Bembo, et comme lui admirateur passionné de la Renaissance, dont il avait vu les œuvres en Italie, ce digne abbé passa une partie de sa vie à composer des poésies érotiques. Tel était alors l'enthousiasme pour tout ce qui rappelait le *genre antique*, que plusieurs de nos rois, Henri III et Charles IX, payèrent au prix de l'or les œuvres de Desportes. Un sonnet lui valut une abbaye, et ses poésies plusieurs bénéfices qui lui produisaient plus de 10,000 écus de rente. La plupart de ses pièces sont des traductions des poëtes les plus licencieux de l'antiquité, Tibulle, Ovide, Properce; des imitations du voluptueux Arioste, ou des élégies, des stances et même des chansons, auxquelles il faut ajouter deux livres des *Amours de Diane* et un livre des *Amours d'Hippolyte*. Desportes était abbé de Bon-Port, et chanoine de la Sainte-Chapelle de Paris! Être ecclésiastique et profaner ainsi son talent, son caractère et sa vie, est un scandale sans doute; malgré cela, et même à cause de cela, jouir de la faveur publique, n'est-ce pas un scandale mille fois plus grand, et qui montre à quel point était porté le fanatisme de la Renaissance?

Dès lors, si on rougit, on n'est pas étonné de voir à cette époque un trop grand nombre de prêtres, de religieux et même de prélats, marcher sur les traces de Desportes, populariser dans le royaume très-chrétien les œuvres les plus immorales de la Grèce et de Rome, y ajouter leurs propres élucubrations, et recevoir en récompense les applaudissements de toute la classe athée, les faveurs des rois et même les dignités de l'Église [1].

Entre tous ces hommes que l'intérêt seul de la grande et sainte cause que nous défendons nous oblige à nommer, se distingua le neveu même de Desportes, Régnier, chanoine de Chartres. Consacrée à la satire, sa *muse*, pour parler le langage de la Renaissance, ne respecta ni les réputations ni les mœurs. Régnier, perverti par son commerce avec les païens, est une âme dans laquelle il n'y a plus un mot d'Évangile. Plein de fiel, il le déverse sans distinction sur tous ceux qui lui déplaisent, et souvent avec une licence brutale. Plein de volupté, il effarouche la pudeur la moins timide, et c'est avec raison que Boileau a dit de lui :

Heureux si ses discours, craints du chaste lecteur,
Ne se sentaient des lieux que fréquentait l'auteur ;
Et si du son hardi de ses rimes cyniques,
Il n'alarmait souvent les oreilles pudiques !

Le prêtre qui, aujourd'hui, se permettrait d'écrire la minime partie des obscénités sorties de la plume du chanoine de Chartres serait justement et infail-

[1] Audin, *Vie de Calvin*, t. I, p. 83 à 85; édition in-8°.

liblement interdit. Au lieu d'une pénitence trop méritée, Régnier fut récompensé de ses vers, choyé par les grands, applaudi par les humanistes, pourvu de plusieurs bénéfices, et doté, sur une abbaye, d'une pension de deux mille écus. Epicurien dans ses vers, Régnier ne l'était pas moins dans ses mœurs. Les biens sacrés dont il jouissait ne servaient qu'à satisfaire son goût effréné du plaisir. « Vieux à trente ans, dit son biographe, il mourut à quarante, entièrement usé par les débauches. »

Tandis que Desportes et Régnier corrompaient en vers les mœurs de leur siècle, d'autres ecclésiastiques travaillaient en prose à cette œuvre de destruction, avec un succès non moins scandaleux. Forcé d'abréger, nous ne nommerons dans cette nouvelle catégorie que le fameux Amyot. Son début dans le monde lettré fut la traduction des *Amours de Théagène et de Chariclée*, roman obscène d'Héliodore d'Émèse. Cette plate et dégoûtante lubricité lui valut l'abbaye de Bellozane. Encouragé par ce succès, Amyot traduisit les *Amours de Daphnis et de Chloé*, autre roman grec plus obscène encore, qui, grâce aux gravures d'Audran, ne contribua guère moins à la corruption des mœurs que la fameuse Coupe de l'Arétin ou les Facéties de Pogge. Amyot passait pour savoir le grec et le latin classiques; il faisait profession d'adorer la Renaissance, et, malgré les infamies de sa plume, Amyot fut fait précepteur des enfants de France, qu'il forma à l'école de Plutarque; chevalier de l'ordre du Saint-Esprit, grand aumônier de Charles IX, abbé de Saint-Corneille de Compiègne et évêque d'Auxerre!

Ces encouragements solennels, inexplicables autrement que par le fanatisme de l'antiquité, attirèrent sur les traces de ces *heureux ecclésiastiques* une foule de lettrés de toute robe et de toute condition, avides d'argent et d'honneurs. Le cadre de notre ouvrage nous oblige de passer sous silence et Muret, et Marot, et cet essaim de Catulle, de romanciers, d'humanistes obscènes qui déshonorent la littérature du seizième et du dix-septième siècle. Quelques noms seulement parmi les plus connus dans la généalogie des Rationalistes épicuriens. A côté de Régnier, nous trouvons Malherbe. Ce *poète des princes, et ce prince des prêtres*, comme on l'appelait, déshonora son talent par la licence extrême du langage, par son amour effréné des femmes, par son avarice, sa colère, ses impertinences, les violences de son caractère et les brusqueries de son humeur. Digne nourrisson de la Renaissance, son influence fut grande sur les classes lettrées, dont il exprimait en vers élégants les sentiments et les pensées. Un des premiers il donna l'exemple de cette *indifférence voltairienne* pour la religion, inconnue en Europe avant la Renaissance, et depuis devenue si générale qu'elle semble aujourd'hui passée dans les mœurs des trois quarts des hommes et de la moitié des femmes. Ne respectant pas plus la religion que les femmes, il lui échappait souvent de dire : *que les honnêtes gens n'ont pas d'autre religion que celle de leur prince.*

Cette profession d'athéisme lui avait inspiré la réponse suivante ou plutôt cette fin de non-recevoir. Lorsque les pauvres lui demandaient l'aumône en lui disant : *Nous prierons Dieu pour vous*, il leur répondait en ricanant : « Je ne crois pas que vous ayez grand crédit au ciel, vu le mauvais état où Dieu vous laisse en ce monde. J'aimerais mieux que M. de Luynes (favori de Louis XIII) m'ait fait la même promesse. » Sa conduite répondait à ses discours.

Cependant, telle était encore à cette époque l'influence du Christianisme sur les habitudes extérieures, que Malherbe, pas plus que Voltaire, n'osait se dispenser de la loi de la confession et de la communion annuelle; mais l'esprit de cet acte, tout à la fois si éminemment religieux et si éminemment social, Malherbe ne le comprenait guère mieux que la plupart des libres penseurs de la Renaissance. A l'article de la mort, il refusait de se confesser, sous prétexte qu'il n'avait coutume de le faire qu'à

Pâques. Un jeune gentilhomme de ses amis trouva le secret de vaincre sa résistance. « Vous avez, lui dit-il, fait profession de vivre comme les autres hommes, il faut aussi mourir comme eux. — Que voulez-vous dire? demanda Malherbe. — Quand les autres meurent, reprit le gentilhomme, ils se confessent, communient et reçoivent l'extrême-onction. — Vous avez raison », ajouta Malherbe; et pour se conformer à la coutume, il envoya chercher le vicaire de Saint-Germain. Or, l'histoire ajoute que le confesseur lui parlant du bonheur de l'autre vie en style peu académique, et lui demandant s'il n'éprouvait pas le désir de jouir bientôt de cette félicité, le moribond lui répondit : « Ne m'en parlez plus; votre mauvais style m'en dégoûte [1]. »

A la même école que Malherbe, s'était formé Saint-Évremond, dont les poésies eurent un succès si étonnant que le libraire Barbin payait des auteurs pour *lui faire du Saint-Évremond*. Élève des jésuites de Paris, et vrai Renaissant pour le fond et pour la forme, Saint-Évremond est un nouveau *spécimen* de l'esprit des classes lettrées du siècle de Louis XIV. La licence du langage jointe au libertinage de l'esprit et du cœur, le naturalisme en fait de vertus, le sensualisme en fait d'habitudes, avec un certain extérieur

[1] Voir *Mémoires de Nicéron*, art. *Malherbe*, etc., etc.

de religion, voilà Saint-Évremond comme homme et comme poëte.

« Il est de notoriété publique, écrit Bayle, que M. de Saint-Évremond n'a été préparé à la mort ni par aucun ministre ni par aucun prêtre. J'ai ouï assurer que l'envoyé de Florence lui envoya un prêtre, et que cet ecclésiastique lui ayant demandé s'il ne voulait pas se réconcilier : *De tout mon cœur, répondit le malade, je voudrais me réconcilier avec l'appétit ; car mon estomac ne fait plus ses fonctions accoutumées.* J'ai vu des vers qu'il composa quinze jours avant sa mort, et il ne regrette que d'être réduit aux bouillons, et de ne plus avoir la force de digérer les perdrix et les faisandeaux [1]. »

Par sa réputation, par sa naissance, par sa longue carrière, Saint-Évremond est un des poëtes libres penseurs qui exerça le plus d'influence sur les hommes de lettres et sur la jeune noblesse de son temps. Leur philosophie pratique est la sienne. Il est même certain que la plupart allaient plus loin que Saint-Évremond, et qu'ils ne s'abstenaient pas, comme lui, de faire de la religion la matière de leurs plaisanteries. Entre beaucoup de preuves, voici une ligne de madame de Maintenon qui vaut un livre pour montrer où en était, sous Louis XIV même, l'esprit chrétien dans les classes élevées : « Les pro-

[1] *Dictionnaire*, art. *Saint-Évremond.*

grès du duc de Bourgogne dans la vertu étaient sensibles d'une année à l'autre. D'abord, RAILLÉ DE TOUTE LA COUR, il était devenu l'admiration de tous les libertins[1]. » C'était au petit-fils de Louis XIV, sous les yeux de son grand-père, que s'adressaient ces railleries! Tant il est vrai qu'à cette époque l'esprit païen était gentilhomme; que plus tard il s'est fait bourgeois, et que c'est pour cela qu'aujourd'hui il est devenu peuple.

Terminons la liste des Rationalistes épicuriens, fils de la Renaissance, par quelques mots sur la *pléiade* poétique du seizième siècle. Elle se composait d'Antoine Baïf, Étienne Jodelle, Joachim du Bellay, Henri Bellau, Pierre Ronsard, Pontus de Tyard et Jean Dorat. Tous étaient des libres penseurs et des francs viveurs, c'est-à-dire des Renaissants de mœurs et de croyances[2]. Cette pléiade fut imaginée par Ronsard, à l'imitation de celle des Grecs. De primo abord Jodelle y fut admis. Si la lubricité la plus révoltante mérite un pareil honneur, personne n'en était plus digne. Nous ne dirons rien de ses vers ni de ceux des autres membres de la pléiade. Un seul trait de leur vie fera connaître ces nouveaux païens et leurs trop nombreux compagnons.

[1] *Vie du duc de Bourg.*, par M. le baron Trouvé, p. 23.— Voir aussi notre *Histoire du Protestantisme*, vers la fin.

[2] Nicéron, t. XXVI, p. 112.

En 1522, ils se réunirent au nombre de cinquante et allèrent à Arcueil faire le carnaval. « Le *hasard*, dit Binet dans la vie de Ronsard, leur fit rencontrer un bouc; ce qui donna occasion à quelques-uns d'entre eux, après avoir orné ce bouc d'un chapelet de fleurs, de le mener dans la salle du festin, tant pour *faire semblant* de le sacrifier à Bacchus, que pour le présenter à Jodelle : le bouc était chez les anciens le prix du poëme tragique :

Carmine qui tragico vilem certavit ob hircum,

dit Horace. Et, en effet, le bouc ainsi orné et ayant la barbe peinte fut poussé auprès de la table, où, après leur avoir servi de risée pendant quelque temps, il fut chassé et non pas sacrifié à Bacchus. »

Telle est la version de Binet. Mais un auteur contemporain, Chandieu, assure que le bouc fut réellement sacrifié, et il reproche à Ronsard d'avoir par ce sacrifice fait un acte d'idolâtrie. Ce fait n'aurait rien d'étonnant. A Rome même, Pomponius Lætus offrait bien des sacrifices à Romulus! Quoi qu'il en soit, Binet ajoute : « Il n'y eut aucun des convives qui ne fît quelques vers en l'honneur du bouc, *à l'imitation des bacchanales des anciens*. Ronsard, entre autres, en composa sous le titre de *Dityrambes à la pompe du bouc d'Étienne Jodelle, poëte tragique*[1].

[1] Voir de Beauchamps, *Histoire du théâtre*, p. 408 : et sur tous les poëtes et prosateurs français de la Renaissance, voir Viollet le

Si rien n'était plus crapuleux que leurs *symposiums* renouvelés des Grecs, rien n'était plus obscène que leurs discours. Naudé, voulant justifier un de ces Renaissants des lubricités sans nombre dont il a souillé ces ouvrages, en rejette la faute sur *la coutume générale des lettrés de ce temps-là.* « Les discours les plus obscènes, dit-il, étaient si familiers aux humanistes d'alors, que lorsqu'on lit Boccace, Pogge, Arétin, La Casa, Castalion, Pacifico Asulano, Jules Grotus, Puccio, Louis Centio, Philelphe, Codrus, Suptabina, Mazzuccio Franco et leurs semblables, on est forcé de convenir que l'impudence, la perversité, l'obscénité, l'impiété ont répandu à pleines gorgées tout leur virus contre Dieu, contre ses ministres, contre les personnes publiques et privées, et contre toute honnêteté et toute pudeur[1]. »

Ce que les poëtes et les prosateurs de la Renaissance écrivaient pour l'esprit, les artistes l'écrivaient pour les yeux. Partout, en France comme en Italie, les arts subirent l'impulsion de la littérature : le fait est tellement connu qu'il n'a pas besoin de preuves. Pas une des infamies de l'antiquité païenne, historique ou mythologique, grecque ou romaine, étudiées au collége, traduites par les humanistes,

Duc, Naudé, Pasquier, *Recherches de la France*, p. 857; Bayle, Baillet, Teissier, etc.

[1] Naudé, *Sur Nifo*.

chantées par les poëtes, qui, transformées en peinture, en sculpture, en gravure, ne vînt s'étaler dans nos villes, dans nos galeries, dans nos palais, et qui ne prêchât avec un déplorable succès le sensualisme et l'immoralité. Aussi bien que leurs maîtres et confrères d'Italie, la plupart de nos artistes français, fils de la Renaissance, méritent de tout point les justes anathèmes de Salvator Rosa. Que celui qui serait tenté de nous taxer de rigorisme s'en aille visiter le Louvre, Versailles, Anet, Compiègne, Fontainebleau, le musée de Cluny, les résidences royales, princières ou bourgeoises, décorées à la Renaissance et depuis cette époque jusqu'à nos jours.

Or, cet enseignement du libre penser et du sensualisme, cet enseignement venu d'en haut, applaudi, incessant, présenté à l'esprit, à l'imagination, aux yeux, à toutes les facultés et à tous les sens, ne pouvait pas ne pas produire son fruit[1].

[1] La vue d'une mauvaise *image*, toute-puissante pour exciter les passions dans les adultes, choque même dans les plus jeunes enfants le sentiment naturel de la pudeur. Le fait suivant est à notre connaissance personnelle. Une petite fille de trois ou quatre ans regardait un jour une image de l'enfant Jésus. Par la fureur de faire du nu, ou plutôt par un abus sacrilége également contraire à la décence et à la vérité historique, le peintre avait représenté l'Enfant-Dieu sans aucun vêtement, debout sur le giron de sa mère. — Maman, demanda la petite fille en apportant l'image à

Dans les esprits, ce fut l'impatience du joug de la foi, le Rationalisme; dans les cœurs, la légèreté des mœurs, la corruption, l'Épicurisme; en deux mots, l'athéisme dogmatique et pratique. Aux preuves particulières que nous avons données de ce lamentable résultat, ajoutons des preuves générales. N'étant en quelque sorte qu'individuelles, les premières ne pourraient légitimer une conclusion absolue; les secondes, au contraire, résultant de l'ensemble des faits, suffisent parfaitement pour caractériser une époque.

Que les libres penseurs aient été très-nombreux en France depuis la Renaissance du Paganisme, la preuve en est, d'abord, dans cette multitude infinie de défenses, d'apologies, de traités, de dissertations, sans cesse publiées pour prouver l'existence de Dieu, la divinité de Jésus-Christ, les miracles, l'immortalité de l'âme, tous les articles du Symbole catholique. La défense suppose l'attaque; une défense générale, incessante, continuée dans toute l'Europe et notamment en France, depuis quatre

sa mère, pourquoi le petit enfant Jésus est-il comme ça? La sainte Vierge n'avait donc pas de chemise à lui mettre? — La mère, fort embarrassée : Il est vrai, ma fille, la sainte Vierge était bien pauvre. — Ça ne fait rien, elle aurait pu le cacher avec son tablier. — La mère sourit en rougissant. — Maman, je trouve ça bien laid; et si je me montrais comme ça, n'est-ce pas que tu me fouetterais?

siècles, suppose une attaque également générale, incessante, continuée dans toute l'Europe et notamment en France, depuis quatre siècles. Ni le schisme ni l'hérésie n'attaquent le Christianisme sur toute la ligne. De cette attaque générale quel est donc le principe, sinon le libre penser ou le Rationalisme, qui, déifiant la Raison, la constitue juge suprême de tout enseignement divin? Tel est le phénomène dont le monde est témoin depuis la Renaissance, et uniquement depuis la Renaissance.

Passons aux témoignages de l'histoire. Vers le commencement du dix-septième siècle un auteur célèbre, Grégoire de Toulouse, écrivait : « On compte en France plus de soixante mille athées[1] » Joseph Scaliger, né et élevé en France, affirme la même chose[2]. Dans son traité *contre les athées*, Alexandre Capelle ne craint pas de dire : « En France, il y a aujourd'hui plus d'hommes sans religion et d'athées, qu'il n'y en avait au temps du Paganisme[3] »

Le savant P. Mersenne, qui se trouva si longtemps en rapport avec les hautes classes de la société, nous donne aussi des chiffres effrayants. « En 1623,

[1] Societas atheorum in Gallia ad 60,000 excrevit. — T. III, *Syntax*, art. *Mirab.*, c. I. — [2] ... Atheos quorum illud seculum feracissimum erat. — *Epist. ad Douzan.* — [3] In Gallia plures nunc profanos et atheos esse, quam olim tempore Gentilismi. — Præf.

dit-il, la seule ville de Paris comptait plus de cinquante mille athées; dans une seule maison il y en a quelquefois jusqu'à douze qui professent cette monstrueuse doctrine. Que ceux qui seraient tentés de me suspecter d'exagération sachent qu'en France et dans les autres royaumes, la multitude des athées est telle qu'on s'étonne que Dieu puisse les laisser vivre [1]. » Après avoir rapporté le supplice de Vanini [2], l'auteur ajoute : « Mais comme la superbe n'a point de bornes et va toujours croissant, elle a fait naître de nos jours et dans le cœur de notre France des cendres de ces malheureux une autre secte qui, sous l'appât d'un nom plus spécieux, expose un venin bien plus pernicieux en sa contagion que le premier. Les complices de cette faction empruntent le nom et le titre de *déistes* [3]. » Et ailleurs, s'adressant au cardinal de Richelieu, il dit : « Le nombre des athées en France est si grand, qu'il est à craindre que l'athéisme ne succède à l'hérésie [4]. »

Un homme considérable de la cour de Louis XIII exprime la même pensée que le P. Mersenne : « Le

[1] *Commentaires sur la Genèse*, p. 671 et 1830. — [2] Voir le *Mercure de France*, t. V, p. 46, et années 1608, 1611, etc. — [3] *L'impiété des déistes et athées combattue.* — In-12, Paris, 1624, p. 11. — [4] *Questions rares et curieuses au cardinal de Richelieu.* Préface.

nombre des athées, dit-il, est énorme[1]. » Même témoignage dans un autre écrivain du même temps: « Bien que personne parmi nous ne fasse publiquement profession de nier l'immortalité de l'âme et la résurrection des morts, cependant la vie complétement épicurienne de la *plupart des hommes* indique fort clairement qu'ils ne croient pas à l'autre vie. S'ils ne le disent pas en public, ils le disent dans leurs soupers[2]. »

Définissant les lettrés de la France aussi bien que ceux du reste de l'Europe, Luther, qui était du nombre, dit : « Ils croient comme des pourceaux, ils vivent comme des pourceaux, ils meurent comme des pourceaux[3]. » Et Calvin, cet autre missionnaire du Libre Penser : « Leur principe, dit-il, est le fatalisme en vertu duquel, tout venant de Dieu, tout est bon, même la fornication et l'adultère[4]. »

[1] Atheismus est illa impurissima secta cui nimio plures nomen dant. — Carol. Paschalius, regis in sacro consistorio consiliarius, *Virtut. et vitia*. In-12, Paris, 1616, c. IX, p. 113.

[2] Etsi nulla apud nos sit publica professio quod anima simul cum corpore intereat, et quod non sit resurrectio mortuorum, tamen impurissima et profanissima illa vita, quam maxima pars hominum sectatur, perspicue indicat quod non sentiant esse vitam post hanc. Nonnullis etiam tales voces tam ebriis inter pocula, quam sobriis in familiaribus colloquiis excidunt. — Bruntius, *In Luc*, c. XX.

[3] Credunt ut sues, vivunt ut sues, moriuntur ut sues.

[4] *Instr. contra Libertin.*, c. XIII.

Nous venons d'entendre des témoins non suspects, en voici d'autres qui ne sont pas moins irréprochables. Le jésuite Cornelius a Lapide juge son époque, et la France en particulier, comme le P. Mersenne : « Du Rationalisme, dit-il, est venu l'épicurisme. Il s'est tellement développé et il fait chaque jour de si grands progrès que Calvin lui-même s'étonne que dans le *seul royaume de France il y ait des* ESSAIMS *de savants qui le prêchent,* ET UNE FOULE INFINIE *de disciples qui le pratiquent*[1]. »

Un autre jésuite, le P. Antoine Sirmond, parle comme son confrère, et dit qu'en France les épicuriens qui nient l'immortalité de l'âme sont loin d'être en petit nombre[2].

« Livrés sans retenue à leurs appétits, le décalogue de ces Rationalistes pratiques se résumait dans le mot suprême de l'un d'entre eux : « Tout le temps qui n'est pas donné au plaisir est un temps perdu : *Perduto è tutto il tempo che in amor non si spende.* »

Un troisième jésuite, le P. Garasse, contemporain des précédents, rapporte un fait qui confirme tous

[1] Hinc epicureismus ita invaluit, et in dies magis invalescit, ut Calvinus ipse admiretur in sola Gallia tot esse examina doctorum, qui illi seminando sedulam navant operam, ac discipulorum infinitam multitudinem. — *II Petr.*, c. II, v. 18.

[2] Non paucos hodie in Gallia esse qui eam negent. — *De immortal. anim.* Præf.

les témoignages que nous venons de citer. En 1608, le célèbre Nicolas Rapin tomba malade à Poitiers. Sa vie passée dans l'indifférence pour la religion fit craindre qu'il ne refusât les derniers sacrements. Après bien des difficultés, il finit par consentir à recevoir le P. Jacques de Moucy, jésuite. Touché de la grâce, il se confessa, et après sa confession, se sentant près de mourir, il dit : « Je suis heureux ; mais je ne sais ce qui a pu me mériter la grâce que je viens de recevoir. Tout le bien que je me souviens d'avoir fait depuis mes jeunes ans, a été D'EMPÊCHER QUE L'ATHÉISME NE S'ENSEIGNAT PUBLIQUEMENT DANS PARIS [1]. » Voilà où en étaient, à Paris, sous le rapport de la foi, les classes lettrées cent ans après la Renaissance !

Et qu'on ne croie pas que cet athéisme ne fût qu'un vain mot, une espèce de titre de gloire, comme plus tard celui de *grues* et *d'esprits forts*, compatible dans le grand nombre avec la foi. Le contraire résulte des écrits de l'époque [2], et en particulier du symbole de ces athéistes, qui pullulaient non-seulement en France, mais dans le reste de l'Europe, et dont le refrain était cette maxime :

[1] *Doctrine curieuse*, par le P. Garasse, liv. II, p. 124.

[2] Tels sont en particulier ceux de Gafarelle, Taurelle, Perez, Vallée, Viaud, Vanini, Godefroy de la Vallée, dont l'un a pour titre : *De l'art de ne rien croire.*

« Tout meurt avec le corps, *mens perit et corpus.* »

Voici ce symbole fidèlement extrait de leurs ouvrages par un ancien auteur :

Articles négatifs : « Je nie les substances incorporelles; je nie une intelligence éternelle et souverainement parfaite; je nie la providence de Dieu; je nie l'immortalité de l'âme humaine; je nie les peines de l'autre vie; je nie la divinité et l'authenticité de l'Écriture; je nie les miracles de Moïse et de Jésus-Christ. »

Articles affirmatifs : « J'affirme que le monde ou la nature est la seule divinité; qu'il n'a pas été créé et qu'il ne finira pas; j'affirme que la religion n'est qu'une pure invention de la politique; j'affirme que l'athéisme est la religion naturelle et la religion des plus grands hommes; j'affirme que les instituteurs des religions positives sont des imposteurs; j'affirme que les prêtres de toutes les religions sont des hypocrites qui ne cherchent qu'à gagner de l'argent; j'affirme que les adorateurs de la Divinité sont un troupeau d'imbéciles; j'affirme que tout ce qu'on donne comme surnaturel et qu'on attribue à Dieu est purement naturel; j'affirme que les miracles ne sont que des contes ou l'effet de l'imagination dans ceux qui disent les avoir vus; j'affirme que l'athée est meilleur citoyen que le théiste; j'affirme que la religion est nuisible aux États [1]. »

Les athées pratiques ou les épicuriens étaient encore plus nombreux que les athées spéculatifs. C'est par troupes que les historiens du temps les comptent à la cour et dans les classes supérieures de la société. « Alors, dit Delaplanche, des esprits malins et curieux en occasions de toutes sortes de méchancetés vindrent à sourdre comme PAR TROUPES : les escrits desquels *ords et sales*, et remplis de blasphèmes, sont d'autant plus détestables, qu'ils sont emmiellés de tous les allèchements qui peuvent *faire glisser non-seulement en toute vilaine et puante lubricité, mais aussi en toute horrible impiété, tous ceux qui les ont entre les mains* [2]. »

Un autre historien qui par sa position fut longtemps en rapport habituel avec les grands et les lettrés de son époque, le président de Thou ; s'exprime ainsi : « Ceux qui passaient en revue les désordres du règne de Henri II ne comptaient pas pour un des moins funestes CETTE NUÉE de Catulle, d'Anacréon, de Tibulle et de Properce, c'est-à-dire de poëtes, dont sa cour était pleine, et qui corrompirent la jeunesse, dégoûtèrent même l'enfance des

[1] Voir ce symbole dans Jacob Fayum, *Contra Tolland;* Spizélius, *Scrutin. atheism.;* et Thomas, *Hist. atheism.*, p. 259.

[2] *Histoire de l'Estat de France sous le règne de François II*, p. 7.

études sérieuses, et enfin arrachèrent, par leurs poésies lascives, la pudeur du cœur des jeunes filles[1]. »

L'Épicurisme avait de nombreux disciples dont les exemples, plus corrupteurs encore que les écrits des poëtes, portaient l'immoralité dans toutes les veines de cette société qui se faisait gloire d'être en toute chose fille de la Renaissance. « Sous Henri III, dit Mézerai, la licence la plus effrénée régna dans les fêtes de la cour. Le roi courait le bal en habits de fille. Il donna un festin, entre autres, à sa mère, où les femmes servirent déguisées en hommes. La reine lui rendit la pareille par un autre, où les dames les plus belles firent le même office, la gorge découverte et les cheveux épars[2]. » Le dévergondage ne finit pas avec le seizième siècle. « L'hiver de 1608, dit Sully, se passa tout entier en de plus grands divertissements encore que les autres, et dans des fêtes préparées avec beaucoup de magnificence : quelques-unes coûtèrent jusqu'à *douze cent mille écus*[3]. »

Il va de soi que la plupart des humanistes, tra-

[1] *Histoire*, liv. XXII, année 1559.

[2] *Histoire de France*, année 1577.

[3] Sully, *Mémoires*, livre XXV; *Journal de l'Étoile*, p. 131. — Si on désire de nouvelles preuves, on les trouvera dans notre *Histoire du Protestantisme*, p. 245-270.

ducteurs, imitateurs, artistes et poëtes, qui, en ressuscitant l'antiquité païenne, avaient monté sur ce pied l'Europe et la France, pratiquaient sans retenue les leçons de lubricité et d'impiété qu'ils leur avaient données [1].

[1] Naudé, *In Nifo.*

CHAPITRE XV.

ORIGINE PHILOSOPHIQUE DU RATIONALISME MODERNE.

La Renaissance vraie mère du Rationalisme. — Les Rationalistes modernes tous élevés à l'école de l'antiquité païenne. — Tous admirateurs ardents de l'antiquité païenne. — Tous ont puisé leur philosophie à l'école de l'antiquité païenne. — Témoignages non suspects. — La philosophie païenne seule admirée, seule acclamée par les Renaissants. — L'Europe divisée en deux camps hostiles : le camp d'Aristote et le camp de Platon. — Enthousiasme incroyable pour Aristote. — Faits curieux.

A moins de nier l'histoire, il est bien démontré que l'apparition du Rationalisme ou de la philosophie païenne en Europe coïncide avec la Renaissance du quinzième siècle et l'arrivée des Grecs de Constantinople. Entre mille, répétons le seul témoignage de Spizélius. « Qui oserait nier, dit cet auteur non suspect, que c'est la Renaissance des lettres en Italie au quinzième siècle qui a réchauffé, cultivé, commenté les anciens systèmes de Lucrèce, d'Épicure, d'Horace et des autres, de même qu'elle a ressuscité la philosophie grecque, la médecine et les mathématiques; que C'EST ALORS qu'un grand nombre de professeurs, en enseignant ces hautes sciences, ONT ABREUVÉ LA JEUNESSE DU POISON DE L'ATHÉISME, SOUS LE PRÉTEXTE DE L'AUTORITÉ DES ANCIENS [1]? »

L'origine historique du Rationalisme est donc certaine. Reste à montrer son origine philosophique. Par là il faut entendre la cause souveraine qui a développé tout à coup, avec une vigueur jusqu'alors inconnue, le principe de révolte intellectuelle, impérissable au cœur de l'homme déchu; qui a systématisé ce principe et qui a fini par le rendre dominant. Or, nous disons que cette cause est la Renaissance, c'est-à-dire l'antiquité païenne et surtout la philosophie païenne, remise en honneur et enseignée avec enthousiasme à la jeunesse, d'abord en Italie, puis dans toute l'Europe, par les Grecs chassés de Constantinople et par leurs disciples. L'origine philosophique du Rationalisme sera démontrée avec la même évidence que son origine historique si nous établissons:

Que tous les pères du Rationalisme moderne furent élevés à l'école de l'antiquité païenne, pour laquelle ils professèrent une admiration enthousiaste;

Qu'ils puisèrent à cette école leur philosophie;

Que leur philosophie n'est que la philosophie païenne, qu'ils ont reproduite mot pour mot dans

[1] *Scrutin. atheism.*, p. 22.

toutes ses erreurs, dans toutes ses applications et même dans toutes ses sectes;

Que la philosophie païenne n'est autre chose dans son principe que le Rationalisme;

Enfin, que les autorités les plus graves prononcent que la philosophie païenne, et non le protestantisme, est l'origine du Rationalisme moderne.

Commençons par esquisser l'histoire pédagogique des principaux libres penseurs, athéistes et épicuriens du quinzième et du seizième siècle [1]. Pour la connaître il suffit de les nommer. Le chef des rationalistes italiens, Pomponace, dont la philosophie *a pour but*, dit M. Matter, *d'affranchir la philosophie des dogmes de la religion*, fut élevé à Padoue par le Renaissant Pierre Trapolini, disciple des Grecs. La passion de l'antiquité s'empare de sa jeune âme et l'attache par des liens indissolubles à la chaire d'Aristote. S'il devient professeur à Padoue, à Bologne, à Venise, c'est pour enseigner Aristote ; s'il écrit, c'est pour exposer les vrais sentiments d'Aristote, étudié *in extenso* dans le texte original ; s'il combat, c'est pour défendre Aristote, comme il aurait défendu l'Évangile.

Pomponace forme Simon Porta et Nifus. De la

[1] Les noms que nous omettrons ici, et nous en omettrons beaucoup, se trouvent dans notre *Histoire du Protestantisme* et du *Césarisme*.

même école sortent Césalpin, César de Crémone, Simon Simonius, Pierre Arétin, Cardan, Achillini, Béroald, et une foule d'autres pédagogues plus ou moins célèbres, qui du haut des chaires de Florence, de Bologne, de Venise et de Padoue, régentent l'opinion et passionnent pour l'antiquité littéraire et philosophique l'élite de la jeunesse accourue à leurs leçons de toutes les parties de l'Europe.

Nourris dès l'enfance des auteurs païens, sur la même ligne marchent Politien, qui adore Virgile; Marcile Ficin, qui adore Platon; Pomponius Lætus, qui adore Romulus; Lazare Buonamico, qui adore Pindare; Machiavel, qui adore Tite-Live et les Romains; Philelphe, qui adore Démosthènes et les Grecs; Cosme de Médicis, qui adore les Grecs et les Romains; Bembo, Guarini, Piccolomini, Pogge, Laurent Valla, qui adorent Cicéron; Calderino, qui passe sa vie à commenter les Priapées de Virgile, et Ermolao Barboro, qui s'intitule païen et libre penseur, *paganus sum et spontis meæ*; Jordano Bruno, qui, à l'exemple des philosophes païens, n'adore que sa raison; Campanella, qui adore Lycurgue, et Vanini, qui s'appelle Jules César.

Ce qui a lieu en Italie a lieu dans toute l'Europe. En Allemagne, Érasme, Ruchlin, Hutten, Camerarius, Buschius, Barthius, Mélancthon, Luther, ne sont pas autre chose que des jeunes gens formés à l'école de l'antiquité païenne, pénétrés d'admiration pour l'antiquité païenne littéraire et philosophique: comme tous les démagogues de la révolution française l'étaient, grâce aux mêmes études de collége, pour les institutions sociales de l'antiquité païenne. En Suisse, Zwingli, Judd, Farel, Myconius n'étaient, comme nous l'avons prouvé dans le *Protestantisme*, que des Renaissants fanatisés par leur éducation.

L'Angleterre, l'Espagne, la France, nous offrent le même fait, prouvé par tous les noms connus dans l'histoire des lettres et de la philosophie de cette époque. Linacer, Caye, Cisner, Sepulveda, Emmanuel de Faria, Bèze, Calvin, Lefebvre d'Étaples, Lefebvre de Caen, Budée, Lambin, Muret, Bodin, Montaigne, Rabelais, Charron, la pléiade philosophique, François Ier, Amyot, Desportes, Régnier, Ronsard, sont élèves des Grecs et des Romains, passionnés pour leurs maîtres, imitateurs et prédicateurs enthousiastes des talents, du génie, du langage, des vertus de leurs maîtres. Il en est de même des artistes, peintres, architectes, sculpteurs, graveurs de la même époque, dans l'Europe entière. Pendant le dix-septième et le dix-huitième siècle l'éducation en Italie, en France, en Allemagne, en Espagne, continue d'être la même. Nous le répétons, ces faits sont tellement connus que ce serait perdre l'encre et le papier que d'écrire une ligne pour les prouver [1].

Nous avons maintenant à examiner si c'est de l'école du paganisme qu'est sortie la philosophie rationaliste et épicurienne qui, depuis quatre siècles, a envahi l'Europe. Ici trois suppositions seulement : la philosophie rationaliste et épicurienne qui coule à pleins bords de leurs écrits en prose et en vers, qui s'étale avec impudeur dans leurs *œuvres d'art*, les philosophes, les poëtes, les artistes de la Renaissance et des siècles suivants l'ont eux-mêmes inventée, ou ils l'ont imitée du moyen âge, ou ils l'ont puisée dans l'antiquité païenne.

De ces trois suppositions la première est évidemment inadmissible. L'histoire établit que les Renaissants n'ont rien inventé ; eux-mêmes se glorifient non-seulement de ne rien dire de leur chef, mais encore de parler en vers et en prose, de philosopher, de dessiner, de peindre et de sculpter d'après les types et les modèles de l'antiquité, qu'ils respectent comme les régulateurs parfaits de leur pensée, de leur plume et de leur burin. En sorte que la *Renaissance*, comme son nom l'indique, a été un calque et non pas une découverte, une imitation et non une invention.

La seconde n'est pas plus admissible que la pre-

[1] D'ailleurs, nous l'avons fait dans l'*Histoire du Voltairianisme et de la Révolution*.

mière. Tous les Renaissants, philosophes, littérateurs, artistes, n'ont-ils pas fait profession d'un souverain mépris pour la philosophie, pour la littérature, pour l'art du moyen âge? D'une voix unanime n'ont-ils pas appelé cette époque l'époque de la barbarie en toutes choses? C'est le premier article de leur *credo*. Et l'on voudrait qu'ils eussent demandé leurs inspirations à la philosophie, à la littérature, à l'art de cette époque? Mais entre toutes ces choses telles qu'elles étaient au moyen âge et telles que la Renaissance les a faites, il y a la même différence qu'entre le jour et la nuit. Le principe de la philosophie du moyen âge, c'est la soumission de la raison à la foi; le principe de la philosophie des Renaissants, c'est l'émancipation de la raison de la tutelle de la foi. Au moyen âge, l'art est un sacerdoce chrétien qui cherche ses inspirations et ses types dans le monde surnaturel; l'art de la Renaissance est un sacerdoce naturaliste et païen qui prend ses inspirations et ses modèles dans la simple nature. L'un est *idéal*, l'autre plastique; l'un invente, l'autre copie.

Reste la troisième hypothèse, savoir, que le Rationalisme moderne est fils du Rationalisme païen, ou plutôt n'est que ce Rationalisme lui-même remis en vogue par la Renaissance. Or, cette supposition est une vérité mathématique : trois preuves la démontrent.

Première preuve : *l'enseignement philosophique de cette époque*. Il fut celui de la philosophie païenne, donné et reçu avec un tel enthousiasme qu'il devint le régulateur des esprits. « Quand les Grecs chassés de Byzance abordèrent en Italie, l'Europe, dit M. Matter, avait une rhétorique, une logique, une philosophie, une théologie, en un mot, la science du monde... L'Europe offrait un système qu'elle ne présente plus de nos jours : partout la même foi ; pour tous le même pontife ; ce pontife, le père de tous les fidèles.... La situation morale et politique de tous était semblable, dans tous les cœurs régnaient les mêmes vœux... La religion dirigeait la morale et la politique ; le christianisme avait fondé ou civilisé tous les empires ; le clergé avait créé ou réglé toutes les études ; toutes les doctrines et presque toutes les institutions étaient son œuvre, et cette œuvre faisait à la fois son règne et sa gloire. L'Europe était si bien gouvernée par la religion, qu'au-dessus des codes planaient les décrets du droit canon, qui réglaient à la fois l'État et la famille... Cet ordre de choses offrait non-seulement un caractère hautement religieux et moral, il présentait encore des rapports nettement tracés et reposait sur un fondement sacré, sur des lois divines et par conséquent des lois éternelles... Telle était l'Europe, telles étaient ses institutions et ses doctrines générales avant 1453.

» Or, tout cet ordre de choses, TOUTES CES DOCTRINES ET CES INSTITUTIONS, LES RÉFUGIÉS DE BYZANCE VINRENT LES ÉBRANLER JUSQUE DANS LEURS FONDEMENTS, déchirer le pacte de la religion et de la philosophie ; de la politique séparer la morale et opérer une double émancipation, le tout en substituant à l'autorité la discussion, le progrès à l'immutabilité [1]. »

Le succès déplorable qu'ils obtinrent avait été préparé. La Renaissance n'est pas venue comme un champignon sous un chêne ; elle avait ses racines dans la concupiscence impérissable au cœur de l'homme et des sociétés. Le libre penser, en particulier, trouva au quinzième siècle un auxiliaire dans l'esprit de révolte mianfesté soit par le grand schisme d'Occident : soit par les erreurs de Wiclef et de Jean Hus, soit par les écrits de Dante, de Boccace et de Pétrarque : nous n'avons cessé de le répéter. Après l'avoir dit comme nous, M. Matter ajoute : « Est-il surprenant que la foudre qui vint tomber tout à coup au milieu de ces éléments ait produit des flammes si subites et si vives ? *Le génie de la Grèce antique venant souffler sur le génie du temps, c'était l'éclair rencontrant l'éclair* [2]. » Si, comme nous le pensons, ces

[1] *Histoire des doctrines morales et politiques des trois derniers siècles*, par M. M. J. Matter, inspecteur général des études, correspondant de l'Institut.— Paris, 1836, 3 vol. in-8°; t. I, p. 34-41 et suiv. — [2] *Id.*, p. 43.

dernières paroles sont trop absolues, elles prouvent néanmoins qu'au jugement non suspect de M. Matter, le génie de la Grèce antique, apporté en Italie par les réfugiés de Byzance, était bien le génie du libre penser, de l'émancipation de la raison, en un mot le Rationalisme.

« L'APPARITION DES GRECS, avec tout ce qui s'y rattacha, continue notre précieux historien, DEVINT UNE SORTE DE RÉSURRECTION DE LA GRÈCE ANTIQUE, DE LA VIEILLE ATHÈNES ET DE SES ILLUSTRES ÉCOLES... Leur enthousiasme alla loin. Pléthon ressuscita toute une religion, toute une philosophie, toute une politique inconnue[1], en exposant les croyances de la Hellade, les institutions de Sparte, la morale du Portique. Et tout cela Pléthon le fit connaître avec un zèle, un entraînement qui à lui-même fit oublier qu'il était chrétien[2]. »

L'ouvrage de Pléthon dont parle M. Matter est intitulé *De legibus*. L'impiété et l'extravagance du nouveau législateur grec paraissent surtout dans les articles qui concernent la religion. Il reconnaît plusieurs dieux : les uns supérieurs et les autres inférieurs. Il donne à tous ces dieux un roi qu'il nomme *Zeus* ou Jupiter, exactement comme les païens. Sui-

[1] Donc au moyen âge, on n'étudiait rien de tout cela; donc les *classes* ne s'y faisaient pas comme elles se font aujourd'hui.

[2] *Histoire des doctrines*, etc., p. 17.

vant lui, les démons ne sont pas des esprits malins; le monde est éternel. Comme Platon, il établit la polygamie : il veut qu'il y ait des femmes communes. Tout son livre fourmille de pareilles doctrines [1].

« Ce qui est constant, écrit l'ancien auteur de l'ouvrage intitulé *Comparatio Platonis et Aristotelis*, c'est que Pléthon était si zélé platonicien, qu'il n'avait point d'autres sentiments que ceux de Platon sur la nature des dieux, sur celle de l'âme, sur les sacrifices, etc. *Je lui ai entendu dire moi-même*, lorsque nous étions à Florence, que dans peu d'années tous les hommes par toute la terre embrasseraient d'un commun consentement et avec un même esprit une seule et même religion, sur une seule prédication qui leur serait faite. Et sur ce que je demandai si ce serait la religion de Jésus-Christ ou celle de Mahomet : Ni l'une ni l'autre, me répondit-il, mais une troisième qui ne sera pas différente *du paganisme*. Paroles dont je fus si indigné que depuis ce temps-là je l'ai toujours craint comme une vipère dangereuse [2]. »

Dasn cette œuvre de restauration païenne, Pléthon était, à des degrés différents, chaudement secondé par ses compatriotes. « Les livres publiés par les Grecs, ajoute M. Matter, si imbelliqueux

[1] Voir *Mémoires de l'Académie des inscriptions*, t. III, p. 531. Édition in-12. — [2] *Histoire des doctrines*, etc., t. I, p. 47.

qu'ils fussent, excitèrent les esprits plus encore que leurs enseignements. Ces livres n'étaient plus des leçons de grec; *c'était la plus belle littérature et la plus belle philosophie qui fussent au monde*. Ensemble, elles inspiraient le goût de la critique, l'amour de la liberté, la haine du despotisme, le mépris de la barbarie. N'ÉTAIT-CE PAS S'ATTAQUER A TOUT CE QUI EXISTAIT? Ce que ne firent pas les réfugiés et leurs publications fut fait par leurs disciples. Ces disciples étaient nombreux : *c'étaient tous les Italiens de goût; presque tous les princes et prélats de ce pays, et toute la jeunesse un peu éminente des autres*. Les uns continuent de soumettre leur raison à l'enseignement de l'Église; mais il en est qui puisent dans les études et dans le langage de leurs maîtres des inspirations plus hardies, UNE SORTE D'INSURRECTION CONTRE LES MOEURS, LES DOCTRINES, LES USAGES DE L'OCCIDENT[1]. »

M. Matter parle d'or. La Renaissance fut une attaque générale contre tout ce qui existait; or, ce qui existait, c'était l'Europe chrétienne avec sa foi, sa langue, ses arts, sa poésie, sa philosophie, sa politique, ses traditions nationales et chrétiennes. Et des plumes ecclésiastiques osent écrire aujourd'hui que la Renaissance fut un *magnifique mouvement!*

Pour la propager, la lutte se joignit aux leçons et

[1] *Histoire des doctrines*, etc., t. I, p. 47, 48 et 49.

aux livres. Les réfugiés de Byzance étaient divisés entre eux par un schisme philosophique : les uns jurant par Aristote, les autres adorant Platon. Dès leur arrivée en Italie, ce schisme éclate par des discussions scandaleuses qui rappellent celles des philosophes de l'ancienne Grèce, et par des exagérations de langage dont l'effet immédiat fut d'accroître la fermentation intellectuelle qui travaillait l'Occident.

En présence de l'Europe savante et de la jeunesse studieuse, Pléthon et George de Trébizonde se livrent un duel à outrance, l'un pour soutenir Platon, l'autre Aristote. La question de la prééminence entre ces deux patriarches de la philosophie indépendante devient le grand événement et la passion dominante de l'époque. Les spectateurs s'échauffent, et l'Europe se divise en deux armées hostiles, connues sous le nom de *néopéripatéticiens* et de *néoplatoniciens*. Pour défendre la supériorité du héros de son choix, chaque camp, avec une ardeur fiévreuse, se met à scruter les doctrines du Lycée et de l'Académie. Aristote et Platon deviennent pour leurs sectateurs respectifs les plus grands des hommes et même plus que des hommes : ils sont des espèces de dieux, objets de louanges, de tendresses, de démonstrations, qui vont jusqu'à une sorte d'idolâtrie. Justifions nos paroles en commençant par Aristote.

Un des jeunes membres de l'émigration grecque, Michel Apostolius, se permet d'attaquer Aristote. Sur-le-champ, Bessarion lui adresse la mercuriale suivante : « J'ai souffert avec peine que vous ayez accusé d'ignorance un homme aussi savant que Théodore Gaza[1] ; mais que vous ayez traité si indignement Aristote même, Aristote notre maître et notre guide en tout genre d'érudition, juste ciel ! cela se peut-il? POUR MOI JE NE CROIS PAS QU'IL Y AIT D'AUDACE PAREILLE A CELLE-LA...

» Puis-je supporter Pléthon? ou plutôt je ne puis le supporter, quelque considération que mérite un homme de sa sorte, lorsqu'il lui échappe de semblables paroles contre Aristote. Eh ! comment pourrais-je vous souffrir, vous qui n'avez encore étudié à fond aucune de ces matières? Croyez-moi, considérez à l'avenir Platon et Aristote comme deux hommes de la plus haute sagesse. SUIVEZ-LES PAS A PAS; PRENEZ-LES POUR VOS GUIDES; MÉDITEZ-LES... S'ils sont quelquefois de différent sentiment, n'allez pas les soupçonner d'ignorance, n'ayez jamais une pareille pensée... Admirez leur profond savoir, et par tous les sentiments d'une humble reconnaissance, tenez bon compte des biens qu'ils nous ont procurés. *Aujourd'hui surtout* que leur autorité, appuyée sur une longue suite d'années, sur l'approbation uni-

[1] Un des Grecs tenant d'Aristote.

verselle et sur le commun suffrage de tous les hommes, *est parvenue à un si haut point*, NOUS NE POUVONS ESPÉRER AUCUNE GRACE SI NOUS OSONS LES CENSURER[1]. »

C'est ainsi qu'un prince de l'Église parle d'Aristote, le père du matérialisme et du machiavélisme; de Platon, l'apôtre du communisme et de la promiscuité! S'il avait eu à défendre les apôtres ou les évangélistes, quelles expressions le grave cardinal aurait-il employées ?

A la voix de Bessarion, l'armée péripatéticienne unit sa voix et fait retentir tous les échos de l'Europe d'un immense *hourra* en faveur d'Aristote. En France, Joseph Scaliger fait de lui la personnalité la plus haute du genre humain; puis, se prosternant, il lui adresse cet hommage : « Être sublime en tout, apôtre de la vérité, incomparable en toute science, génie immortel, génie divin, j'aime mieux me tromper avec toi que d'avoir raison avec les autres. La marque qu'on devient philosophe, c'est l'amour qu'on a pour toi. Ce n'est pas la Grèce seulement, c'est l'univers entier que tu instruis : de tout ce qui est dans ce monde sublunaire, rien à peu près que tu ne connaisses[2]. »

[1] Des Bains de Viterbe, 19 mai 1462.

[2] Quidquid est capax humanum genus, virum in omni re summum... Non modo Græciam, sed universum terrarum orbem instruxit, etc. — Balthas. Bonif., *Hist. ludicra*, etc.

Les lettrés de Hollande le vénèrent à l'égal au moins des prophètes et des apôtres. « Telle était, dit Brucker, l'estime des Bataves pour Aristote, que les philosophes de ce pays n'étaient pas moins indignés d'entendre mal parler de lui, que d'entendre mal parler de l'Écriture sainte[1]. »

Des volumes entiers suffiraient à peine pour enregistrer tous les éloges donnés par l'Italie au philosophe de Stagyre; et ces éloges se sont prolongés pendant plusieurs siècles. Contentons-nous d'en rapporter un seul. Dans sa préface au livre de *l'Ecclésiastique*, le jésuite Cornelius a Lapide s'exprime ainsi : « Aristote, le chef des péripatéticiens, a réduit la morale en science méthodique..... Dans les livres de morale, il explique si parfaitement la raison des choses qu'à s'en tenir à l'ordre purement naturel, vous n'avez nul besoin des Clément d'Alexandrie ni des Arnobe; et, pour tout dire d'un seul mot, si en physique Aristote est un homme, pour ses disciples, en morale, il est un dieu. Aussi, un Italien d'un rare génie, ravi d'admiration en voyant que dans ses livres de morale, de politique et de législation, il n'y avait pas *la plus petite tache*

[1] Inter Batavos autem quanta Aristotelis existimatio fuerit, cartesianæ controversiæ satis loquuntur, cum non minus ægre tulerint ejus regionis philosophi contemni Aristotelem, quam quod credebant vim inferre Scripturæ. — Lib. II, c. III, p. 227.

d'erreur, n'a pas craint de dire : « On ne sait de qui Aristote tient le plus, DU JURISCONSULTE OU DU PRÊTRE, DU PRÊTRE OU DU PROPHÈTE, DU PROPHÈTE OU DE DIEU. » Au lieu de flétrir comme elles le méritent ces adulations ridicules et impies, le bon Cornelius se contente d'ajouter : « C'est trop beau [1]. »

En France, un des confrères de Cornelius, le P. Rapin, nous donne les ouvrages d'Aristote comme le *nec plus ultra* de l'intelligence humaine. « Aristote, dit-il, ce génie si plein de raison et d'intelligence, approfondit tellement l'abîme de l'esprit humain, qu'il en pénètre tous les ressorts... Aristote fut le premier qui découvrit la voie pour parvenir à la science par l'évidence de la démonstration, et pour aller géométriquement à la démonstration par *l'infaillibilité du syllogisme*, l'ouvrage le plus accompli et *l'effort le plus grand de l'esprit humain*[2]. »

Aux yeux de Casaubon, les philosophes les plus

[1] ... Nulla causa est cur quisquam post Aristotelem in hac re (disciplina morali), si naturale duntaxat rationis lumen spectes, Clementes aut Arnobios desideret magistros... Ac, ut una comprehensione definiam omnia, Aristoteles in physicis est homo; in ethicis vero suis asseclis videtur deus. Quæ causa est cur quidam exquisiti ingenii Italus... dubitarit, in illis scribendis plusne haberet jurisconsulti an sacerdotis, plus sacerdotis an prophetæ, plus prophetæ an Dei. Ita ille; sed nimis ample et auguste. — Cornelius a Lapide, e J. J., *Comment. in Ecclesiasticum. Encom. sap.* Antuerpiæ, 1674, in-fol.; et Lugduni, 1841. In-4°, p. 4 et 5.

[2] *Comparaison de Platon et d'Aristote*, p. 403.

éminents de l'antiquité, les stoïciens, ne sont que des enfants près du divin Aristote, qu'un seul de ses livres place bien au-dessus de tous les mortels[1].

Averrhoès ajoute : « AVANT LA NAISSANCE D'ARISTOTE LA NATURE N'ÉTAIT PAS COMPLÈTE. En lui, elle a reçu son accomplissement et la perfection de son être; elle ne saurait aller plus loin. C'est l'extrême limite de ses forces et les bornes de l'intelligence humaine. »

Enchérissant sur Averrhoès, un autre dit : « ARISTOTE EST UNE SECONDE NATURE[2]. »

L'Espagnol Medina affirme que la portée de l'esprit humain n'ira jamais jusqu'à pouvoir pénétrer, sans l'assistance d'un génie, les secrets de la nature autant qu'Aristote les a pénétrés. Il croyait, en conséquence, qu'Aristote avait un ange qui l'instruisait visiblement de mille choses auxquelles l'intelligence humaine ne saurait atteindre[3].

L'adulation n'est pas encore parvenue à ses dernières limites. On vient d'entendre des néopéripaté-

[1] Ego pueros puto fuisse (stoicos) præ divino Aristotele; et eorum in hoc genere scripta vana præ Aristotelis organo : quo opere omnia mortalium ingenia longe superavit. — *In Persium*, *Satyr. V*, v. 86, p. 415.

[2] Voir Balzac, *Socrate chrétien.*

[3] In Thom. Aquin. 1, 2da q., 109. art. 1, et *apud* Naudé, *Apol. pour les grands hommes*. etc.

ticiens faire d'Aristote le plus grand des mortels, un prêtre, un prophète : en voici d'autres qui en font un nouveau Jean-Baptiste précurseur du Messie, un évangéliste, un saint. A Tubingue, un religieux explique en chaire la morale d'Aristote, et dit au peuple : « De même que Jean-Baptiste fut le précurseur de Jésus-Christ dans les mystères de la grâce, ainsi Aristote fut le précurseur de Jésus-Christ dans les mystères de la nature[1]. »

Spanheim, Fabricius, Agrippa, Magire, Bayle, Burigny, rapportent que dans d'autres églises d'Allemagne on en était venu jusqu'à lire Aristote à la place de l'Évangile[2]. Que restait-il, sinon de le canoniser et même de le diviniser? Le fanatisme ne recule pas devant cet acte d'idolâtrie. D'abord, un livre paraît sur le salut d'Aristote, et l'auteur conclut comme le prédicateur de Tubingue qu'Aristote est un nouveau Jean-Baptiste[3]. Cœlius Rhodiginus ajoute très-logiquement qu'Aristote fit une belle mort et qu'il eut des pressentiments de l'incarnation du Fils de Dieu[4].

Le célèbre Sépulvéda, un des Renaissants les

[1] ... Quemadmodum Joannes Baptista Christi præcursor fuit in theologicalibus, ita Aristoteles fuit præcursor Christi in physicalibus. — Michael., *In Notis ad. Jac. Gaffarell. curiosit. inaudit.*, p. 109. — [2] Cornelius Agrippa, *De vanit. scient.*, c. LIV; Burigny, t. II, p. 234. — [3] *Id.*, id. — [4] Lib. XVII, c. XXIV.

plus zélés du seizième siècle, n'hésite pas à le mettre au nombre des bienheureux, et il écrit un livre pour soutenir son opinion. « Moi aussi, ajoute le jésuite Gretser, j'incline en faveur d'Aristote comme Sépulvéda, dont j'improuve seulement la manière de s'exprimer [1]. » Au rapport d'un témoin oculaire plusieurs néopéripatéticiens regardaient Aristote comme un dieu, et croyaient que le contredire était à peu près la même chose que contredire la vérité et Dieu même [2].

Mises en vogue par les Grecs, chaque jour répétées sous une forme ou sous une autre, dans les livres, du haut des chaires, par toute l'Europe, ces hyperboles, à peine croyables aujourd'hui, se changent en axiomes dans l'armée très-nombreuse des néopéripatéticiens. Comment la jeunesse, habituée à

[1] Lamothe-Levayer, *Vertus des païens*, t. V, p. 144; édition in-folio. — Il est juste d'ajouter qu'à partir du treizième siècle, on trouve dans quelques auteurs des éloges exagérés d'Aristote : c'est une nouvelle preuve que la Renaissance a eu des racines dans le passé. Mais autre chose est la racine, autre chose est l'arbre; autre chose est le germe du mal, et le germe restreint et comprimé, autre chose est le mal lui-même s'épanouissant partout, complétement et en toute liberté.

[2] Erroris vanitas in quibusdam aristoteleis est, qui tantum tribuunt suo magistro, ut eum deum quemdam existiment, Aristoteli repugnare idem propemodum esse credant, quod naturæ, veritati, Deo repugnare. — Audomar. Talæus, *Ep. ad Carol. Lotharing. cardin.*

juger sur la parole de ses maîtres, aurait-elle échappé à la séduction? Comment au sortir des gymnases et des universités la plupart n'auraient-ils pas juré qu'Aristote était le plus grand des philosophes, comme d'autres juraient que Cicéron était le plus grand des orateurs passés, présents, futurs; et d'autres encore, que l'antique Rome et l'antique Grèce étaient les plus belles choses qu'il y eut jamais au monde?

Ce résultat était d'autant plus inévitable, que ces louanges exagérées d'Aristote servaient de base à l'enseignement et de règles obligées pour la conduite de la jeunesse.

En effet, peu de temps après la Renaissance, l'autorité d'Aristote devint tellement sacrée dans les écoles que lorsqu'un *disputant* citait une maxime de ce philosophe, l'élève qui soutenait la thèse n'osait pas dire *transeat*, soit, ou je ne m'en occupe pas; il fallait ou qu'il niât l'exactitude de la citation, ou qu'il l'expliquât à sa manière, afin de lui trouver un sens qui s'accommodât avec le point en question. C'est ainsi que dans nos écoles de théologie on en use aujourd'hui à l'égard seulement des plus illustres docteurs de l'Église, saint Thomas, saint Augustin et de l'Écriture sainte [1].

Ce n'est pas tout; le bras séculier, qui abandon-

[1] Voir le P. Rapin, *ubi supra*, p. 413.

nait l'Évangile aux attaques du Rationalisme, prend Aristote sous sa protection. Les rois deviennent pour les péripatéticiens les évêques du dehors. A Genève, s'écarter d'une ligne de la doctrine du Maître emporte la peine du bannissement. Ramus, conduit au Protestantisme par son amour de l'antiquité, se réfugie dans la ville de Calvin, espérant y platoniser ou socratiser à son aise. Il en est immédiatement empêché par cette verte admonition qu'il reçoit de Théodore de Bèze. « C'est à Genève une loi fondamentale que les professeurs de logique ou d'autres sciences ne s'écartent pas même d'une ligne de la doctrine d'Aristote [1]. »

En Angleterre, quiconque se permet, même dans les disputes particulières, d'opposer une objection à l'autorité d'Aristote, est puni sans rémission d'une forte amende [2].

La France va plus loin. Dans deux écrits [3] qui

[1] Cautum ac constitutum esse Genevensibus, in ipsis tradendis logicis et in cæteris explicandis disciplinis, ab Aristotelis sententia ne tantillum quidem deflectere. — *Epist.* 34, p. 153; *epist.* 36, p. 156.

[2] In privatis collegiorum Oxoniensium disputationibus, tantam Aristotelis auctoritatem esse, ut si quis opponendo eam infringere aut vilipendere sustineat, solidos Anglorum, hoc est philippum unum, solvere omnino teneatur. — Christoph. Arnold. *Epist.* 1, p. 187. *Vid. Hist. ludicr.*

[3] *Institutiones dialecticæ* et *Aristotelicæ animadversiones.*

excitèrent la même tempête qu'a soulevée de nos jours *un ouvrage qu'il ne nous appartient pas de nommer*, Ramus ose attaquer Aristote. Tout le camp péripatéticien se lève; on crie de toutes parts à l'impiété, au blasphème; on dit que c'en est fait de la science, du royaume, de la religion; on demande le supplice du feu pour le sacrilége : la Sorbonne s'assemble, le conseil du roi est convoqué, la France entière est en émoi, comme si, en médisant d'Aristote, Ramus avait escamoté le soleil [1].

Enfin, le 10 mai 1543, *le Père des lettres*, François Ier, qui encourageait la traduction et la propagation des ouvrages les plus immoraux de l'antiquité, rendit l'arrêt suivant : « ... Plusieurs sçavants et notables personnes étant lés nous, avons supprimé, condamné et aboly, condamnons, supprimons et abolissons lesdits deux livres; avons fait et faisons inhibitions et défenses à tous imprimeurs et libraires de notre royaume, et à tous autres nos sujets, de quelque état et condition qu'ils soient, qu'ils n'aient plus à imprimer ou faire imprimer lesdits livres, ne publier, vendre ne débiter, sous peine de confisca-

[1] ... Ut qui Aristotelem reprehenderet, existimarent eum omnes artes conturbare, jura humana et divina pervertere, denique e mundo quasi mundi solem tollere; atque Aristotelico spiritu afflati, exclamarent tantum scelus igne expiandum esse. — Talæus, *ubi supra*.

tion desdits livres et *de punition corporelle*, soit qu'ils soient imprimés en nostre royaume ou autres lieux non estans de nostre obeyssance. Et audit Ramus de ne plus user de telles médisances contre Aristote, sous les peines que dessus [1]. »

Le fait suivant enchérit sur le premier. En 1624, trois philosophes antipéripatéticiens, Jean Bitault, Antoine Villon et Étienne de Claves, affichent sur les murs de Paris des thèses contraires à la doctrine d'Aristote, ou plutôt des thèses dans lesquelles ils montrent et soutiennent les grossières et dangereuses erreurs de ce philosophe. La Sorbonne censure les thèses et en livre les auteurs au parlement. Le 4 septembre, « sur les conclusions du procureur général du roi et tout considéré, la cour ordonne que les thèses seront déchirées en présence des auteurs; que de Claves, Villon et Bitault sortiront de Paris dans les vingt-quatre heures, avec défense de se retirer dans les villes du ressort de cette cour, enseigner la philosophie en aucune des universités d'icelui. Fait défense à toute personne, SOUS PEINE DE LA VIE, de tenir ny enseigner aucunes maximes contre les anciens auteurs et approuvés [2]. »

Exiler n'est pas répondre; mais le fanatisme ne permettait pas de croire qu'Aristote avait pu se

[1] *Arrêts de la Cour et du Parlem.* Ibi. — [2] *Mercure de France*, annéa 1624.

tromper. Aussi le *Mercure de France* ajoute: «Villon, Bitault et de Claves estaient des esprits volatils, encore plus malaisés à fixer que l'arsenic ny le mercure; ou bien ils estaient des mixtes incorporels où il ne manquait ny souphre ny mercure, mais il y manquait du sel [1]. »

En 1629, intervint un autre arrêt du Parlement de Paris rendu sur les remontrances de la Sorbonne. Cet arrêt déclare qu'on ne peut choquer les principes d'Aristote sans choquer ceux de la théologie scolastique reçue dans l'Église [2].

Traités par les lois comme des ennemis de l'Église et de l'État, les contradicteurs d'Aristote passent pour des mécréants, avec lesquels on ne doit avoir aucun commerce. Ainsi, le célèbre Paul de Foix, si connu par ses ambassades et par son érudition, ne voulut pas voir, à Ferrare, François Patrice, parce qu'il savait que cet *illustre savant* enseignait une autre philosophie que celle d'Aristote. N'est-ce pas la même conduite que l'apôtre saint Jean prescrit aux fidèles à l'égard des hérétiques : *Nec ave ei dixeritis?* En résumant toute l'histoire précédente, ce fait mesure la différence qui existe entre les siècles chrétiens et les âges modernes. D'une voix unanime, les Pères de l'Église flétrissent Aristote

[1] *Mercure de France*, t. X, p. 504. — [2] Rapin, *Compar. de Platon et d'Aristote*, p. 413.

et le bannissent des écoles chrétiennes; au treizième siècle, on brûle encore publiquement à Paris ses principaux ouvrages; et, grâce à la Renaissance, deux siècles après, Aristote est enseigné partout, écouté comme un oracle, respecté comme un saint, et presque adoré comme un dieu!

CHAPITRE XVI.

ORIGINE PHILOSOPHIQUE DU RATIONALISME MODERNE.

Enthousiasme pour Platon. — Témoignages. — Histoire de Marcile Ficin. — Il prépare à la mort Côme de Médicis en lui lisant Platon. — Il professe le platonisme à Florence. — Ses disciples. — Ficin adore Platon. — Il le loue partout. — Ses hyperboles. — Abus de l'Écriture sainte. — Il institue la fête de Platon. — Fonde une Académie de Platon. — Le platonisme prêché en Allemagne, en Angleterre, en Hongrie, à Rome. — Fr. Patrizi écrit au pape pour faire imposer partout l'enseignement de la philosophie de Platon. — Il prétend que c'est le moyen nécessaire pour convertir les pécheurs et ramener les hérétiques.

Pendant que, sous les auspices des Grecs, l'armée d'Aristote épuise, en faveur de son chef, les formules de l'enthousiasme et s'efforce de lui créer des partisans, l'armée de Platon, conduite également par les Grecs, rivalise d'éloges pour son général et ne néglige aucun moyen d'attirer la jeunesse sous sa bannière. On eût dit que le salut de l'Europe dépendait du triomphe du philosophe de Stagyre ou du philosophe d'Athènes. Voici un échantillon des titres donnés à Platon par ses sectateurs : *Fleuve intarissable; seul athlète dans les luttes philosophiques; grand prêtre de la sagesse; Homère des philosophes; le plus éloquent des orateurs; le plus subtil des dialecticiens; le plus prudent des jurisconsultes; le plus sage des législateurs; le très-bon, le très-grand, le père de la philosophie dont toutes les paroles sont des oracles*[1]. Les expressions leur manquant pour traduire leurs sentiments, ils recourent à Cicéron, et disent avec lui: « *Platon est le roi de l'intelligence et de l'éloquence, le maître de la parole; il a parlé comme Jupiter, si Jupiter parlait; le dieu des philosophes; le prince du génie; l'aimable, l'admirable; le pontife de la doctrine et de la vertu, avec qui il vaut mieux se tromper que d'avoir raison avec les autres*[2]. »

Nous venons d'entendre Gémiste Pléthon, Pontanus, Galéas, Scaliger, Bessarion, Cardan et une foule d'autres, dont il serait fastidieux de rapporter les hyperboles. Marcile Ficin, chanoine de Florence, ne s'en tient pas à de simples éloges. De concert avec Côme et Laurent de Médicis, il fonde une académie destinée à propager la philosophie et le culte de Platon, *monté au ciel avec Jésus-Christ.* Mieux que tous les raisonnements, quelques détails sur la vie et les écrits de Ficin feront connaître l'enthousiasme des néoplatoniciens.

[1] Fluvium perennem, etc. — Balthas. Bonifac., *Hist. Ludicr.*, lib. XV, c. xi, p. 432. — [2] Cum quo errandum potius quam cum aliis recte sentiendum. *Id.*, id.

« Le grand Côme de Médicis, dit Ficin, le père de la patrie, ayant entendu un philosophe grec nommé Pléthon, fut tellement émerveillé de la philosophie de Platon, qu'il arrêta le projet d'une académie destinée à l'enseigner. Je fus choisi dès mon enfance pour en être le fondateur; il me dédia à l'étude du grec et me procura tous les auteurs dont j'avais besoin. Toute ma vie je me féliciterai d'être né dans le siècle d'or où la belle antiquité, rappelée de son tombeau, brille comme le soleil sur le monde tombé dans les ténèbres de la barbarie [1]. » Le jeune Ficin se livre avec ardeur à l'étude de Platon, qui devient son oracle, son évangile et presque son dieu. « Humble prêtre, dit-il, j'ai eu deux pères, Ficin le médecin et Côme de Médicis; je suis né du premier, j'ai été régénéré par le second. L'un me confia à Galien, tout ensemble médecin et platonicien; l'autre me consacra au divin Platon, médecin de l'âme [2]. »

Adorateur de Platon, Ficin le porte partout avec lui; il pense avec Platon, il parle par Platon. Pendant douze ans, Platon est le sujet inévitable de ses entretiens avec Côme de Médicis. « Je dois beau-

[1] Præf., *In Plotin.*, t. II, p. 491; édition in-folio.

[2] Ego sacerdos minimus patres habui duos, Ficinum medicum, Cosmum Mediceum. Ex illo natus sum, ex isto renatus, etc. — In præf., libr. *De vita.*

coup à Platon, dit-il, mais je ne dois pas moins à Côme. Les vertus que le premier enseigne, je les voyais pratiquées par le second, dont tout le soin était de se rendre conforme à l'idée de la vertu tracée par Platon. A l'exemple de Solon, il voulut jusqu'à la fin être le disciple de ce maître divin. *Jamais il ne philosopha autant avec lui qu'au moment de la mort.* Vous le savez, vous qui étiez présent; après que nous eûmes lu le livre de l'*Unique principe et du souverain Bien*, il mourut, comme pour aller jouir de ce souverain bien, dont il avait trouvé tant de charme à s'entretenir[1]. »

Au moyen âge, dans ces siècles de barbarie, le chrétien s'efforçait de conformer sa vie à celle de Jésus-Christ; malade, il jetait les yeux sur lui, méditait sa Passion, priait et faisait prier pour obtenir une bonne mort. Grâce aux lumières de la belle antiquité, voici un prince mourant, assisté par un chanoine qui, au lieu de lui faire recevoir les sacrements, le prépare à paraître devant Dieu en lui lisant Platon; et le prince meurt en philosophe. Et tout cela dans la bouche de Ficin, prêtre catholique, est un sujet d'éloges!

1 ..... Itaque postquam Platonis librum de uno rerum principio ac de summo bono legimus : sicut tu nosti qui aderas, paulo post decessit, tanquam eo ipso bono, quod disputatione gustaverat, reipsa abunde jam potiturus. — *Epist.* lib., c. XXIII, *ad. Laurent. Mediceum.*

Cependant Ficin était devenu professeur de philosophie à Florence : il va de soi que Platon enseigna par la bouche de son disciple. La foule se précipite à ses leçons : Florence devient une nouvelle Académie. Les disciples partagent l'enthousiasme du maître. Politien écrit que Ficin opère un miracle bien plus heureux que celui d'Orphée. Orphée ramena Eurydice des enfers, Ficin a rappelé sur la terre la sagesse du divin Platon [1]. La plupart des Renaissants célèbres assistent au cours de Ficin, et professeurs à leur tour, ils propagent avec ardeur le platonisme en Italie et dans le reste de l'Europe. On compte parmi eux Christophe Landini, Benoît Accolta, Barthélemy et Philippe Valori, Antoine Calderino, Michel Mercati, Comandon, Allio, Platina, Vespucci, Démétrius de Byzance, Guichardin, Alexandre Albizi, Bibiena [2].

L'étude passionnée de Platon produit sur Ficin le même effet que l'étude de Virgile produisit sur saint Augustin, de Cicéron sur saint Jérôme, des auteurs païens sur tant de chrétiens, même de religieux et de prêtres : le dégoût de la piété, l'éloignement des livres chrétiens et l'enthousiasme de l'antiquité classique. Ficin ne possède dans sa chambre ni crucifix, ni statue de la sainte Vierge, ni image de saint;

[1] *In Miscellaneis*, p. 123; édit. in-18. Bâle, 1522.

[2] Ficin, *Epist.*, lib. IX, p. 199.

tout cela est remplacé par un buste de Platon devant lequel est suspendue une lampe nuit et jour allumée [1]. Platon est pour lui un *prophète* qui a prédit le bonheur du monde, lorsque les hommes embrasseront sa philosophie; un *saint* dont il vénère la vie, dont il admire la sainteté et la chasteté, tout en avouant à voix basse qu'il était, comme Socrate, livré à l'amour infâme [2].

Il regarde comme un suprême bonheur d'avoir traduit tous ses ouvrages. Il en parle continuellement sur le ton du dithyrambe; il ne trouve pas un mot, un seul, pour flétrir les monstrueuses infamies de Platon dans son livre de la *République*. Au contraire, la promiscuité, le communisme, l'infanticide ordonnés par Platon, lui semblent des choses excellentes et les bases d'un État bien réglé [3].

[1] Bzovii *Annal.*, lib. *De Biblioth.*, lib. IX, p. 177.

[2] Philosopho gubernatore et quondam fuisse aurea secula perhibentur, et reditura quandoque vaticinatus est Plato, quando in eumdem animum potestas sapientiaque concurrent. — *Ep.* ad Fr. Gazotti, t. I; *Epist.*, lib. IV, p. 738. — Nos Platonis vitam et sapientiam approbatissimam veneremur. — *Id.* id., p. 746. — Continentia et sanctimonia illustris..... ad amandos adolescentes quemadmodum et Socrates suus videbatur paulo pronior. — *Id.* id., p. 741.

[3] ... Adducit communionem videlicet uxorum atque filiorum. Et ibi adverte quanta ordinis providentia constituat magistros præsides nuptiarum et sacra et tempora et ætates, cavens ne quid intemperate fiat, vel *inutile civitati*. — *Argum. de Republica.*

Dans cet ordre de choses digne des pourceaux, il voit, comme les malthusiens et les communistes les plus avancés de nos jours, le règne parfait de la charité, dont les hommes actuels ne sont pas capables, l'âge d'or, mais qui viendra lorsque la philosophie gouvernera l'humanité[1]. Après cette *solide* apologie, il défie les adversaires de Platon de répliquer un seul mot; il les exhorte plutôt à se convertir au platonisme et à mêler leurs voix à la sienne pour exalter le divin Platon. « Admirez, dit-il, la profonde sagesse du disciple de Socrate. Esculape-Apollon du genre humain, Platon avait vu que les lois sur la propriété des biens et des femmes, au lieu de faire le bonheur des États, en faisaient le malheur; avec raison il voulut leur substituer les lois de l'amitié, en ordonnant que tout fût commun entre amis, et par là, ôtant toute cause de division et de misère, nous conduire à la paix et à la félicité[2] »

Dans ses leçons, s'adresse-t-il à ses auditeurs, Ficin les appelle non pas mes frères en Jésus-Christ, mais *mes frères en Platon*[3]. Avec une conviction

[1] Agnosce communis charitatis inventum... Hoc tunc demum posse fieri quando philosophi gubernabunt, neque prius requiem ullam fore malorum. — *Id.* id.

[2] Plato igitur Phœbus humani generis medicus, etc. — *Arg.* v, *Dialog.*

[3] ... Fratribus in Platone nostris. — *Epist.*, lib. IX, p. 922. — Cette expression revient souvent.

qui peut paraître sincère, il leur enseigne le Rationalisme le plus audacieux. « La philosophie, leur dit-il, est un don de Dieu; celui qui le possède est sur la terre ce que Dieu est dans le ciel. LE PHILOSOPHE EST LE MÉDIATEUR ENTRE DIEU ET L'HOMME; HOMME POUR DIEU ET DIEU POUR LES HOMMES [1]. » En conséquence, Ficin demande sérieusement qu'on enseigne la philosophie de Platon dans les églises comme l'Écriture sainte. S'adressant à son nombreux auditoire, il commence ainsi une de ses leçons : « La philosophie platonicienne, étant une chose sainte, doit être lue dans les offices sacrés. Inspirez-moi, grand Dieu; je raconterai votre nom à mes frères, je vous louerai dans l'église, je chanterai votre gloire en présence des anges. Nos aïeux les platoniciens avaient coutume, mes très-chers frères, d'enseigner dans les temples la sagesse venue du ciel, je veux dire les saints mystères de la philosophie. Nous les imiterons [2]. »

Tout ce qui étudie Platon, tout ce qui favorise

[1] Philosophia donum Dei. Si quis præditus sit, ex Dei similitudine idem erit in terris, qui et in cœlis est Deus. Quippe inter Deum et homines medius est philosophus; ad Deum, homo; ad homines, Deus. — T. I, *Epist.*, lib. IV, p. 738. — C'est mot pour mot M. Cousin.

[2] Philosophia platonica tanquam sacra legenda est in sacris, etc. Nos igitur antiquorum vestigia pro viribus observantes, etc. — Lib. VIII, p. 913.

les disciples de Platon, devient un être sacré auquel Ficin, par un abus sacrilége, ne craint pas d'appliquer les paroles les plus augustes des Livres saints. Dans une lettre adressée au Souverain Pontife, parlant du platonicien Jean Nicolini, il s'exprime en ces termes : « Nous avons possédé naguère un Pontife *plein de grâce et de vérité. C'est un homme envoyé de Dieu, qui s'appelle Jean. Il est venu en témoignage pour rendre témoignage de la divinité de Sixte*[1]. » Ailleurs il répète les mêmes expressions en faveur de Jean de Médicis; puis il ajoute : « *Votre race*, ô Jean, *brillera éternellement comme les étoiles du ciel; les peuples béniront votre postérité*; *dans votre race seront enfin bénies toutes les nations*[2]. »

Dans sa préface sur Plotin, il s'adresse en ces termes à ses auditeurs : « Croyez que vous entendez Platon lui-même vous dire de Plotin : *Celui-ci est mon fils bien-aimé, en qui j'ai mis toutes mes complaisances; écoutez-le*[3]. »

Si Ficin parle de la sorte des disciples de Platon, que dira-t-il de son maître? Aux yeux du chanoine

[1] *Epist.*, lib. VI.

[2] Proles, o Joannes, tua fulgebit in seculum sicut stellæ cœli; seminibus tuis benedicent populi... In semine tuo tandem benedicentur omnes gentes. — Præf., *In Jamblic.*

[3] Vos Platonem ipsum exclamare sic erga Plotinum existimetis : hic est filius meus dilectus, in quo mihi undique placeo; ipsum audite. — *Præf.*, *In Plotin.*

paganisé, Socrate est un saint, qui, comme Platon, est monté au ciel avec Jésus-Christ dont il a été la figure; et là-dessus il établit entre Notre-Seigneur mourant et Socrate ce long et sacrilége parallèle que tout le monde connaît[1].

Il ne reste plus à Ficin qu'à perpétuer à Florence son enthousiasme pour Platon, à le propager partout et à lui rendre un culte comme à un dieu. Dans ce but, il institue, d'accord avec Côme de Médicis, la fête de Platon, qu'il célèbre avec tous les platoniciens, dans une villa du grand-duc, par un festin qui rappelait les *sumposiums* des Grecs, et par des discours en l'honneur de Platon, de Socrate et de l'amour platonique; le tout à l'imitation des platoniciens de l'antiquité[2]. Et ce qui montre le fanatisme de l'époque, le premier des convives était un évêque[3]! Ficin établit encore à Florence une académie platonicienne, composée de ses meilleurs disciples. Mais bientôt les doctrines communistes de Platon se traduisent par les nouveaux académiciens en conspirations et en complots contre la

[1] *Epist.*, lib. VIII, p. 896. *Oper.*, t. I, *ad Paulum Ferobantium.*

[2] Hoc autem convivium quo et natalitia et anniversaria Platonis pariter continentur, prisci omnes Platonici usque ad Plotini et Porphyrii tempora quotannis instaurabant. Post vero Porphyrium mille ac ducentos annos solemnes has dapes prætermissæ fuerunt. — *In proœm. conviv. Platonis.*

[3] Antonium Allium.

république. Jacopo da Diacetto, leur chef, est tué, les autres se dispersent et l'Académie s'évanouit [1]. Il en fut de même, et pour des causes semblables, de l'Académie platonicienne fondée à Rome par Callimaque, à l'instar de celle de Florence.

Ce n'est pas seulement en Italie que le platonisme se répand et avec lui l'enthousiasme pour Ficin, et par-dessus tout l'esprit d'indépendance. Avant 1490, l'Allemagne se remplit d'admirateurs de Ficin et d'adorateurs de Platon. Martin Uranius de Constance célèbre chaque année, au milieu d'un nombreux concours de néoplatoniciens, et avec une grande magnificence, la naissance de Ficin [2]. Par ordre de plusieurs princes d'Allemagne, Uranius, de concert avec Louis Naukler et Jean Reuchlin, envoie à Ficin l'élite des jeunes Allemands pour en faire l'*espoir de la patrie*, qui, suivant eux, ne pouvait être régénérée que par la philosophie de Platon [3].

Pendant que l'Allemagne court au platonisme comme à un nouvel Évangile, Érasme va le propager en Angleterre. Son plus illustre élève fut le chancelier Morus. Ce grand homme montra bientôt le profit qu'il avait tiré du nouvel enseignement. Sa belle intelligence subit une éclipse, et il publia

[1] Tirab, t. VII, p. 155. — [2] Ficin, *Epist.*, lib. IX, p. 177. — [3] ... Adolescentes in patriæ spem formandos illius curæ et institutioni anno 1491 commendarunt. — *Epist.*, l. C., p. 176, 177.

son *Utopie*, c'est-à-dire les rêves socialistes de Platon appliqués à la société. A l'autre extrémité de l'Europe, Mathias, roi de Hongrie, entraîné par le mouvement qui emporte le monde vers la philosophie païenne, écrit à Ficin pour le prier de venir lui enseigner Platon. Ficin répond au roi qu'il ne peut quitter Florence, mais qu'il lui enverra quelqu'un de ses disciples. Une lettre de Ficin, datée de 1489, nous apprend que l'honneur de remplacer son maître et d'enseigner le platonisme aux Hongrois échut à Philippe Valori [1].

Au milieu de ses triomphes, le platonisme avait subi un double échec : la dispersion de l'Académie platonicienne de Florence et la suppression de celle de Rome. Pour réparer le premier, Ficin continue d'enseigner et de traduire avec un zèle nouveau les anciens disciples de Platon, tels que Plotin, Jamblique. François Patrizi se charge de rétablir à Rome le règne du Platonisme. Après avoir, pendant quatorze ans, passionné de son mieux pour Platon la jeunesse de l'Université de Ferrare, il vient à Rome, professe le platonisme, compose un cours de philosophie universelle d'après Platon, et le dédie au Souverain Pontife. Les louanges qu'il chante tous les jours au philosophe athénien, en présence de ses nombreux auditeurs, sont autant de diatribes

[1] Voir Schollern, *Amœnit. litter.*, t. I, p. 58.

contre Aristote. Exalter l'un, rabaisser l'autre : tel est son but, et il l'exprime nettement dans son livre.

S'adressant au pape Grégoire XIV, il lui parle en ces termes : « Comment se fait-il qu'on n'enseigne dans les écoles que les traités d'Aristote les plus hostiles à Dieu et à l'Église? Aux dialogues de Platon, les moines, ô crime! préfèrent l'impudente impiété d'Aristote. C'est par ignorance, sans doute; car ils ne savent pas quelle quantité de poison la jeunesse boit à cette source malfaisante. Quant aux plus admirables de tous les livres, *à ces livres divins,* ô honte! ils n'en connaissent pas même le nom. Les Pères disent qu'il est facile de rendre chrétiens les disciples de Platon [1]. Et voilà que depuis environ quatre siècles les théologiens scolastiques agissent dans un sens tout à fait contraire. Ils posent pour bases de la foi les impiétés d'Aristote. Nous les excusons, car ne sachant pas le grec, ils ne les connaissent pas. Mais n'est-il pas absurde de vouloir établir la vérité par le mensonge [2]? » Suit une

[1] Cela demande explication; en tout cas, quelle était, après quinze cents ans de christianisme, la nécessité de ramener le monde à l'école de Platon?

[2] Cur Aristotelis philosophiæ solæ eæ prælegunlur partes quæ magis et Deo et Ecclesiæ sunt hostes? Neque enim quantum venenum juventus inde bibat animadvertunt aut norunt. Hos vero nobilissimos, hos divinos, proh dedecus! de nomine etiam ignorant. Quadringintis vero circiter ab hinc annis scholastici theologi in

longue énumération des erreurs et des impiétés du philosophe de Stagyre.

Non content de débaucher les soldats d'Aristote en dénigrant leur général, Patrizi se souvient des rois et des parlements qui l'ont pris sous leur protection. Afin de rendre la balance égale, il recourt au Souverain Pontife et le conjure de prendre en main la cause de Platon. « Ordonnez, lui dit-il, vous le premier, et que tous les futurs Pontifes ordonnent, en ajoutant à vos ordres l'appât des honneurs et des récompenses, que dans tous les colléges de vos États, dans tous les monastères, on explique quelques-uns des livres de Platon, comme je l'ai fait moi-même à Ferrare, pendant quatorze ans. Ayez soin que tous les rois du monde chrétien fassent la même chose dans leurs gymnases [1]. » Pour frapper le coup décisif il s'adresse à la conscience du Pape, et lui dit que le moyen de réveiller la piété dans la jeunesse, et de convertir les hérétiques, c'est d'enseigner Platon. « Prenez donc à tâche, bien-

contrarium sunt annixi; Aristotelicis impietatibus pro fidei fundamentis sunt usi, etc. — *Nova de universis philosophia, auct. Fr. Patritio, phil. eminentis.* Venetiis, 1593, in-fol. Præf.

[1] Jube ergo, tu, Pater sanctissime, tu primus, jubeant futuri pontifices omnes... per omnia tuæ ditionis gymnasia, per omnes cœnobiorum scholas, librorum quos nominavimus aliquos continue exponi, quod nos per annos XIV fecimus Ferrariæ. Cura ut christiani orbis principes idem in suis jubeant gymnasiis. — *Id.* id.

heureux Père, d'établir un enseignement si pieux, si utile, si *nécessaire*[1]. »

Pauvres gens et pauvre époque! Faire d'Aristote un saint, un Jean-Baptiste; de Platon, un évangéliste, un dieu; passionner la jeunesse de toute l'Europe pour ces deux grands païens, souillés de vices et patriarches de toutes les hérésies[2]; les donner pour les régénérateurs obligés des nations chrétiennes! Telle était pourtant l'affaire capitale des philosophes de la Renaissance!

[1] Nonne adolescentium (Germanorum) mentes pia dogmata imbibent, et facile ad catholicam redibunt fidem? Suscipe ergo tu, beatissime Pater, tam pium, tam utile, tam necessarium instituere institutum. — *Nova de universis philosophia*, p. 4.

[2] Hæreticorum patriarchæ philosophi. Doleo Platonem omnium hæreseon condimentarium. — Tertullien et saint Irénée.

CHAPITRE XVII.

ORIGINE PHILOSOPHIQUE DU RATIONALISME MODERNE.

Les pères du Rationalisme moderne, tous disciples des philosophes païens. — La philosophie païenne n'est pas autre chose que le Rationalisme en action. — Preuves. — Histoire des erreurs et des sectes de la philosophie païenne. — Ressemblance parfaite de la philosophie moderne avec la philosophie païenne. — Preuves.

En montrant, l'histoire à la main, que l'enseignement philosophique de la Renaissance fut l'enseignement de la philosophie païenne, donné et reçu avec enthousiasme, nous avons fourni la première preuve que le Rationalisme moderne est sorti de la Renaissance. Il reste à la confirmer en développant la seconde.

Seconde preuve : *Les pères du Rationalisme moderne ont puisé leur philosophie dans la philosophie païenne, qui n'est autre chose que le Rationalisme en action ; ils en ont adopté le principe, reproduit toutes les erreurs et, autant qu'ils ont pu, renouvelé toutes les sectes.* — Une seule observation suffirait pour établir cette vérité. L'homme ne transmet que ce qu'il a reçu ; les hommes et les peuples sont fils de leur éducation : dis-moi qui tu fréquentes, je te dirai qui tu es. Or, quelle philosophie ont transmise les philosophes de la Renaissance, les Grecs de Constantinople et leurs disciples ? De qui sont-ils l'image ? Pour qui sont leurs sympathies et leurs admirations ? Est-ce aux philosophes catholiques du moyen âge et aux Pères de l'Église qu'ils ressemblent, ou bien aux philosophes païens de Rome et de la Grèce ? Quel est le principe régulateur de leurs investigations, leur appui, leur boussole ? Est-ce la foi ou la raison émancipée de la tutelle de la foi ? Mais n'insistons pas et venons aux faits.

« LA VRAIE PHILOSOPHIE, dit Épicure, NE POUVAIT NAÎTRE QUE CHEZ LES GRECS, PARCE QUE PARTOUT AILLEURS LA TRADITION RÉGNAIT. » Cette phrase est un trésor. Elle signifie que dans l'antiquité païenne il y avait un corps de vérités venues des révélations primitives ; que jusqu'à la naissance de la philosophie grecque, ces vérités faisaient généralement autorité parmi les nations dont elles composaient le patrimoine religieux et social ; que les Grecs, au lieu de respecter ce dépôt sacré qu'on pourrait appeler la *Bible des gentils*, la soumirent au scalpel de leur raison, comme les Protestants ont fait de la *Bible des chrétiens ;* qu'au lieu de prendre la tradition pour règle de leurs recherches et pour pierre de touche de leurs découvertes, les philosophes grecs se mirent à les discuter, à les expliquer, les admettant et les rejetant, sans autre règle que leur raison indépendante.

Une fois cette barrière renversée, les systèmes, les contradictions, les sectes philosophiques et avec elles les plus monstrueuses erreurs se multiplient à l'infini. C'est la remarque de M. de Lamennais. « Les grandes erreurs de l'esprit, dit-il, étaient à peu près inconnues dans le monde avant la philosophie grecque. C'est elle qui les fit naître, ou qui, au moins, les développa, en affaiblissant le respect pour les traditions, et en substituant le principe de l'examen particulier au principe de foi [1]. »

De ces sectes philosophiques, décorées du nom d'*écoles*, la première en date est la secte *ionique*. Son fondateur, Thalès de Milet, recherchant à la lueur de sa raison l'origine du monde, enseigne que l'eau et l'humide sont les principes générateurs de toutes choses : le matérialisme devient le point de départ de la philosophie incroyante. Après Thalès paraît Pythagore, qui fonde l'école *italique* et qui enseigne comme bases de la philosophie la métempsycose et le panthéisme. Vient ensuite Platon, chef de l'école *académique*. Ce philosophe, que ses admirateurs donnent pour un homme divin, professe les erreurs

[1] *Essai*, t. III, p. 58.

les plus grossières : le panthéisme et la métempsycose, l'âme unique et universelle, tant de fois chantée par Virgile ; l'indifférence en matière de religion, l'esclavage, le despotisme, le communisme, la promiscuité, l'infanticide et cent autres infamies qui font rougir [1].

Disciple de Platon, et fondateur de l'école *péripatétique*, Aristote, accusé d'athéisme, nie les attributs de Dieu, dont il fait un être indifférent aux actions des hommes et soumis au destin [2], rejette la création du monde, la providence, l'immortalité de l'âme ; enseigne le panthéisme, sanctionne l'esclavage, fait de la Religion un simple instrument de règne, prescrit l'infanticide et l'avortement [3].

[1] Voir entre autres, Diogène Laerce, Athénée ; Burigny, *Histoire de la philosophie ;* Bergier, article *Platon ;* Baltus, et surtout les ouvrages de Platon, *De convivio*, *De republica*, *De legibus*, etc.

[2] Voir Valerian. Magn., *De atheismo aristotelico.* Aristoteles Deum nec coluit nec curavit. Lact., *De ira Dei*, c. XIX ; Diogène Laerce, p. 309 ; Burigny ; Melch. Canus, *De locis theologicis ;* Brucker, *Hist. phil.*, lib. II, c. III, p. 345 ; Fr. Patritius, *Phil. univ.*; Præf., etc.

[3] Platon et Aristote étant ce qu'on vient de lire, il faut expliquer les éloges donnés au premier par quelques Pères de l'Église, et l'usage que le moyen âge a fait du second. Assemblage bizarre de vérités et d'erreurs, de foi et de libre penser, il y a deux hommes dans Platon : l'homme de la tradition et l'homme de la Raison. Il en est ainsi de la plupart des philosophes modernes, Voltaire même et Rousseau. Homme de la tradition, Platon résume mieux que la plupart de ses confrères les vérités primitives conservées en Orient

De la famille d'Aristote, Épicure fonde l'école *sensualiste*. Niant, comme le chef de sa lignée, la

et dans la Grèce; homme de la Raison, personne n'est tombé dans des erreurs plus grossières. De là, les éloges et les critiques également fondés dont il fut l'objet de la part des anciens Pères de l'Église. Que plusieurs d'entre eux l'aient étudié, qu'ils l'aient opposé aux païens, afin de leur montrer que certaines vérités chrétiennes avaient été reconnues par le plus illustre de leur philosophe, cela se comprend sans peine, surtout de la part des Pères qui avant d'être chrétiens avaient été platoniciens.

Quant à Aristote, nous avons vu quel jugement les Pères de l'Église en ont porté. Son autorité dans les écoles ne commence guère qu'au treizième siècle, et le moyen âge eut le secret de ne pas laisser déborder les eaux de cette source empoisonnée. L'esprit chrétien et positif du moyen âge pliait Aristote au joug de la vérité, et ne se servait de sa méthode que comme moyen de démonstration. Néanmoins, nous avons vu que, même dans ces conditions, l'étude d'Aristote donna lieu à de graves erreurs que l'Église fut, à plusieurs reprises, obligée de condamner. « Jusqu'à la Renaissance, dit Brucker, le péripatétisme n'était pas très-dangereux pour la foi. Les scolastiques, race très-subtile, connaissaient parfaitement les maximes fausses d'Aristote; mais ils les pliaient et les modifiaient de manière à les mettre le plus possible en harmonie avec les dogmes du christianisme, dont ils en faisaient même les auxiliaires. Le stratagème fut découvert par les Italiens restaurateurs de la philosophie antique. En conséquence, bien résolus de suivre franchement Aristote, ils professèrent les erreurs pestilentielles qui se trouvent dans ses ouvrages. »

Gens enim scholasticorum, ut erat acutissima, ita falsas et erroneas philosophiæ Aristotelicæ hypotheses probe perspexerat, ejus placita ita inflexerat emendaveratque, ut propius sacris christianorum dogmatibus accederent et cum illis conspirarent. — *Hist. phil.*, lib. III, c. III, p. 343.

création du monde, il explique la formation des êtres par le système des atomes, rejette l'immortalité de l'âme et enseigne que le bonheur de l'homme est dans la volupté. A son tour, Zénon, instituteur de l'école *stoïque*, voulant réagir contre Épicure, tombe dans l'extrême opposé. Le plaisir est l'unique bien, dit Épicure; la douleur même la plus vive n'est pas un mal, réplique Zénon. Ce qui n'empêche pas Zénon d'enseigner la panthéisme, le fatalisme, le suicide pour échapper à la douleur, et, disciple d'Épicure dans sa conduite, de se livrer aux plus honteuses voluptés.

Pour mettre d'accord toutes ces écoles prétendues philosophiques, Arcésilas de Pitane établit la *nouvelle Académie*. Avec son disciple Carnéade, il prêche la conciliation, qu'il s'efforce d'obtenir par la modification de tous les systèmes, en ce qu'ils lui semblent renfermer de trop absolu. Sa philosophie fut l'éclectisme. Après d'autres fluctuations dans lesquelles la philosophie tombe d'erreurs en erreurs, arrive Sextus Empiricus. Rapporteur impitoyable de toutes les querelles, de toutes les absurdités philosophiques, il tire la conclusion de ces débats de huit cents ans. Le premier mot qui tombe de sa plume est : CONTRADICTIONS, et le dernier : SCEPTICISME [1].

C'est alors qu'un grand nombre de platoniciens et

[1] Sexti Empirici *Oper. græc. et latin.* — Leipzig, in fol., 1718.

d'autres philosophes, tels que Plotin, Jamblique, Porphyre, Apollonius de Tyane, désespérant de trouver la vérité par le raisonnement, la cherchent dans la *théurgie*, c'est-à-dire dans la pratique des sciences occultes[1]. Ajoutons que, par un juste châtiment de leur révolte opiniâtre contre la vérité, tous les philosophes païens, sans exception, furent livrés aux passions d'ignominie. Socrate, Platon, Aristote, Pythagore, Aristippe, Zénon, Bion, Chrysippe, Épicure, Périandre, Cicéron et les autres, *omnes Epicuri de grege porci*, se livrent publiquement aux abominations de Sodome, et ils s'en font gloire[2]. C'est dans ce cloaque infect que l'Évangile vint trouver ces sages si vantés de Rome et de la Grèce.

Tel est le rapide tableau de la philosophie païenne. Or, qu'est-ce qu'une pareille philosophie, sinon la philosophie du libre penser, ou mieux, le libre penser en action? Quelle est l'autorité commune à laquelle elle se soumet? Quel est le flambeau qui l'éclaire? N'est-ce pas la seule raison, déclarée dans chaque philosophe indépendante et infaillible? « Mon système à moi, disait Platon, c'est de ne croire à aucune autorité et de ne céder qu'aux raisons qui, après y avoir réfléchi, me paraissent les

[1] Baron, *Ann.*, 234, n° 14.

[2] *Epist. ad Rom.*, Com. Corn. a Lapide, c. 1, v. 26.

meilleures[1]. » Au rapport de Cicéron, Protagore proclamait encore plus nettement ce principe rationaliste : « Protagore, dit-il, croit qu'on ne doit tenir pour vrai que ce qui paraît vrai à chacun[2]. » Cicéron lui-même, le représentant de la philosophie chez les Romains, professe la même doctrine : « Chacun, dit-il, devant s'en rapporter à sa propre raison en fait de vérité, il est très-difficile qu'il se rende à la raison des autres[3]. » Tous adoptent la même règle, et dans leurs investigations ils n'en suivent pas d'autres.

En résumé, à sa naissance, la philosophie païenne trouve un corps de vérités traditionnelles; au lieu de les respecter et de travailler à les dégager de l'alliage de l'erreur, elle s'arroge le droit de les discuter, de les mutiler, de les nier, de les livrer au mépris. Après avoir détruit, elle veut édifier. Nouvelle ouvrière de Babel, elle entasse systèmes sur systèmes, tombe dans des contradictions infinies, crée les ténèbres et *ne découvre pas une seule vérité.* Repoussée du monde supérieur, dont l'orgueil et le doute, fils de l'orgueil, n'ouvrirent jamais la porte,

[1] Ego sum ejusmodi, ut nulli alii cedam, nisi rationi quæ mihi consideranti optima visa fuerit. — *Ap.* Cl. Alex. *Strom.*

[2] Protagoras putat id verum esse quod cuique videatur. — *Academ.*, I.

[3] Cum suo quisque judicio sit utendum, difficile factu est me id sentire quod tu velis. — *De natur. deor.*, lib. III.

elle proclame le scepticisme universel comme la suprême sagesse. Dans ce néant de la pensée, au lieu d'élever les yeux vers le ciel et de demander la vérité à l'autorité de la tradition générale, la philosophie aime mieux la chercher dans des communications immédiates avec l'ange de ténèbres ; enfin, de guerre lasse, elle s'endort dans la volupté, jusqu'à ce que l'ordre religieux et social qu'elle a profondément ébranlé l'écrase sous ses ruines. Commencée par l'adoration de l'orgueil, la philosophie païenne finit par l'adoration de la chair. Tel est, et tel sera toujours, le terme fatal de toute révolte audacieuse contre la vérité.

CHAPITRE XVIII.

ORIGINE PHILOSOPHIQUE DU RATIONALISME MODERNE.

Stratagème des Rationalistes ; ils cachent leur principe et leurs erreurs sous le masque de l'antiquité. — Témoignage décisif de Brucker et de M. Cousin. — Vanité de leurs protestations de respect pour l'autorité de l'Église. — Ils renouvellent toutes les erreurs et toutes les sectes philosophiques de l'antiquité. — Arrivent au même terme. — Dernière preuve de l'origine philosophique du Rationalisme moderne. — Le concile de Latran. — Analyse de la Bulle *Regiminis apostolici*. — Ce qu'elle nous apprend de l'état des esprits, et de l'enthousiasme pour la philosophie païenne.

L'Esprit de Dieu descendu pour renouveler la face de la terre balaya promptement les restes de toutes les écoles prétendues philosophiques de l'antiquité païenne. Au quatrième siècle, elles étaient tombées dans un tel oubli, que saint Augustin écrivant à Dioscore, désireux de connaître la solution de certains problèmes de l'ancienne philosophie : « Aujourd'hui, lui dit-il, on n'entend pas plus parler en Afrique de ces puérilités, qu'on n'y entend chanter les corneilles [1]. » Pendant tout le moyen âge, elles restent ensevelies, avec le Rationalisme leur père, dans le tombeau où le Christianisme les avait enfermées. Avec la Renaissance, toutes ressuscitent : mêmes noms, mêmes principes, mêmes prétentions, mêmes phases et même résultat.

A peine les réfugiés de Byzance ont annoncé qu'ils apportent le texte complet et original des anciens philosophes, que toute la génération lettrée accourt à leurs leçons et se met à étudier le grec, afin, disait-elle, de mieux comprendre les sublimes enseignements de la sagesse païenne. Et pourtant l'Europe chrétienne possédait la vérité, toute la vérité théologique, philosophique, sociale ; une autorité infaillible la conservait et la donnait pure de tout alliage aux intelligences désireuses de s'en nourrir. Au lieu de la recueillir à pleines mains dans les mines inépuisables du Christianisme, d'innombrables chercheurs s'enfoncent, pour en trouver quelques parcelles souillées, dans les dédales ténébreux du Paganisme.

Quel est cet étrange mystère ? Le même qui donna naissance à la philosophie païenne. Il faut bien le dire, au fond ce n'était pas la vérité qu'on

[1] Facilius quippe corniculas in Africa audieris, quam in illis partibus hoc genus vocis. — *Epist. ad Diosc.*, t. II, p. 496, n° 9, edit. noviss.

cherchait, puisqu'on l'avait sous la main. Ce qu'on cherchait uniquement, ce qu'on voulait à tout prix, c'était un moyen de se soustraire au joug de l'autorité et d'émanciper la raison de la tutelle de la foi. Or, ce moyen s'offrait de lui-même ; il consistait à mettre la raison avec ses écarts et ses erreurs à couvert sous les noms acclamés d'Aristote, de Platon et de la brillante philosophie de l'antiquité. La preuve de ceci est que les philosophes de la Renaissance se gardèrent bien, dans leurs investigations, de prendre pour boussole et pour pierre de touche les enseignements de l'Évangile.

Cependant, comme, au début, ils n'osaient pas les heurter de front, ils se tiraient d'embarras en disant que telle proposition, vraie suivant Aristote ou Platon, pouvait ne l'être pas suivant la foi; mais qu'ils avaient parlé comme philosophes et non comme théologiens. Afin de mourir tranquillement dans leur lit, ils finissaient même, surtout en Italie, par déclarer qu'ils soumettaient leurs ouvrages au jugement de l'Église. Ils établissaient ainsi la possibilité de deux vérités contradictoires, plaçaient la raison sur la même ligne que la révélation, et, en les faisant traiter de puissance à puissance, ils habituaient le monde à les regarder comme *deux sœurs immortelles, également dignes de respect.*

Cette tactique du Rationalisme moderne nous a été dénoncée par un homme qui le connaissait bien. « Les premiers, dit Brucker, qui, à l'époque de la Renaissance, entrèrent dans la voie du libre penser, SE MIRENT A COUVERT SOUS L'AUTORITÉ D'ARISTOTE, DE PLATON, DE PYTHAGORE, DE ZÉNON, JUSQU'A CE QUE, DIEU AIDANT, L'ESPRIT HUMAIN PUT BRISER TOUTES SES ENTRAVES. C'EST ALORS QUE, REJETANT TOUTE PHILOSOPHIE PARTICULIÈRE, IL SE MIT A FAIRE LA SIENNE, EN CHOISISSANT DANS TOUTES CE QUI LUI CONVENAIT. Alors la dignité humaine, retenue si longtemps dans les chaînes de la superstition, reparut dans tout son éclat [1]. »

Sur ce point capital, nous avons une autorité plus grande encore, c'est celle de M. Cousin. « De quelque manière, dit-il, qu'on veuille juger l'INCIDENT MÉMORABLE qui a modifié si puissamment au quinzième siècle la forme [2] de l'art et de la littérature en Europe, on ne peut nier que le même incident n'ait eu aussi une IMMENSE INFLUENCE sur les destinées de la philosophie; et là, selon moi, il a été d'une utilité incontestable [3]. Quand *la Grèce philosophique apparut à l'Europe* [4] du quinzième siècle, jugez

[1] Donec favente Numine in libertatem se assereret humanus intellectus, abjectoque omni sectæ studio, eclecticæ philosophiæ curam susciperet. — Brucker, *Hist. phil.*, lib. II, c. III, p. 115 et 260; *id.*, Thomasius, *Hist. atheis.*, p. 144.

[2] Et aussi l'esprit.

[3] Ainsi doit parler M. Cousin, mais des prêtres!

[4] Jusqu'à la Renaissance elle ne lui était donc pas apparue?

quelle impression durent produire ses nombreux systèmes, qu'anime une si ENTIÈRE INDÉPENDANCE, sur ces philosophes du moyen âge, encore enfermés dans les cloîtres et les couvents, mais qui déjà aspiraient à l'indépendance! Le résultat de cette impression devait être une sorte d'enchantement et de fascination momentanés. LA GRÈCE N'INSPIRA PAS SEULEMENT L'EUROPE, ELLE L'ENIVRA, et le caractère de la philosophie de cette époque est L'IMITATION DE LA PHILOSOPHIE ANCIENNE, SANS AUCUNE CRITIQUE.

» Il commençait bien à se former alors en Europe un certain esprit philosophique; mais il était *incomparablement au-dessous* des systèmes qui se présentaient à lui; il était donc inévitable que ces systèmes l'entraînassent et le subjuguassent. Ainsi, APRÈS AVOIR SERVI L'ÉGLISE AU MOYEN AGE, LA PHILOSOPHIE AU QUINZIÈME ET AU SEIZIÈME SIÈCLE ÉCHANGEA CETTE DÉNOMINATION POUR CELLE DE LA PHILOSOPHIE ANCIENNE. C'était encore, si vous voulez, de l'autorité; mais quelle différence, je vous prie! On ne pouvait aller immédiatement de la scolastique à la philosophie moderne, et en finir en une fois avec toute autorité. C'était donc un BIENFAIT que de tomber sous une AUTORITÉ NOUVELLE, TOUT HUMAINE, sans racines dans les mœurs, sans puissance extérieure et divisée avec elle-même, par conséquent TRÈS-FLEXIBLE ET

TRÈS-PEU DURABLE; et, à mon sens, dans l'économie de l'histoire générale de l'esprit humain, LA PHILOSOPHIE DU QUINZIÈME ET DU SEIZIÈME SIÈCLE A ÉTÉ UNE TRANSITION NÉCESSAIRE ET UTILE DE L'ABSOLU ESCLAVAGE DU MOYEN AGE A L'ABSOLUE INDÉPENDANCE DE LA PHILOSOPHIE MODERNE [1]. » *Habemus confitentem.*

Méditez le passage que nous venons de transcrire; arrêtez-vous à cette conclusion : LA RENAISSANCE FUT UNE TRANSITION NÉCESSAIRE DE L'ABSOLU ESCLAVAGE DU MOYEN AGE (*philosophia theologiæ ancilla*) A L'ABSOLUE INDÉPENDANCE DE LA PHILOSOPHIE MODERNE, et demandez-vous par quelle aberration des catholiques, même des prêtres et des religieux, trouvent excellent pour le principe d'autorité un mouvement que le *serviteur des serviteurs* du Rationalisme estime non-seulement utile, mais encore nécessaire à son triomphe!

Quant à leur protestation de respect pour l'Église et de soumission à ses dogmes, rien de plus illusoire. Dans son *Histoire de la littérature italienne*, Tiraboschi la réduit à sa juste valeur. Ses paroles s'adressent non-seulement à Pomponace, le chef

[1] *Cours de l'Histoire de la philosophie*, t. I, p. 358-60. Les disciples du maître : MM. Mallet, *Manuel de théologie à l'usage des élèves de l'Université*, p. 186; Charma, *Questions philosophiques*, p. 178; Jacques, Simon, Saisset, dans le *Manuel de philosophie à l'usage des colléges*, p. 607; répètent religieusement ses paroles.

des libres penseurs de la Renaissance, mais à tous ses imitateurs. Il se contente, à la vérité, de soutenir qu'Aristote n'admet pas l'immortalité de l'âme, et que la raison est impuissante à prouver cette vérité. *Néanmoins,* ajoute-t-il, *on doit le croire fermement, puisque tel est l'enseignement de l'Église, dont je me déclare le fils respectueux et soumis.* Mais à une époque où Aristote passait pour un oracle tellement infaillible que s'écarter de son opinion c'était tomber dans l'erreur, prouver qu'Aristote avait soutenu la mortalité de l'âme était affirmer la certitude absolue de cette opinion. Il ne faut donc pas être étonné si Pomponace fut avec raison tenu pour le défenseur de cette coupable doctrine. Il proteste, je le sais, de sa soumission à l'Église; mais d'abord on pourrait lui opposer cet axiome de droit : la protestation contraire au fait n'est pas admissible; *protestatio facto contraria non valet.* De plus, la distinction entre le philosophe et le théologien est une subtilité ridicule, dont Boccalini a fait justice par ce trait piquant : « Apollon, dit-il, ayant entendu la défense de Pomponace et le trouvant innocent comme théologien et coupable comme philosophe, le condamna à être brûlé seulement comme philosophe[1]. »

[1] ..... Il che diede occasione al lepido giudizio di Apollo, che presso il Boccalini commanda che il Pomponazzi sia arso solo come filosofo. — *Storia*, etc., p. 249; *id.*, in-4, 1791.

La tactique des pères du Rationalisme n'a pas cessé d'être celle de leurs fils. Elle fut celle des libres penseurs *catholiques* en Italie, en Espagne, pendant les derniers siècles; nul n'en fit un plus fréquent usage que Voltaire : elle est encore le refrain des éclectiques et des Rationalistes les plus habiles de nos jours. Ils soutiennent les erreurs les plus dangereuses, posent les principes les plus subversifs de toute croyance, et ils protestent de leur respect pour la religion!

Pas plus aujourd'hui qu'autrefois, ces protestations ne doivent donner le change aux catholiques et les transformer en apologistes, moins encore en apôtres, de ce qu'on appelle le *système de la conciliation*, et que le dernier siècle appelait la *tolérance*. Quelle conciliation possible entre la foi et le Rationalisme? Cachés sous la peau de brebis, les loups seront toujours des loups. Et, malgré leurs protestations, les libres penseurs seront toujours les plus dangereux ennemis de la Révélation. « Ayez, disent-ils, égard à notre ignorance, à notre éducation; nous sommes philosophes et non pas théologiens. Nous établissons, nous enseignons ce que la raison nous démontre; si nos conclusions sont contraires aux enseignements de la théologie, nous le regrettons, mais nous ne pouvons pas faire que la vérité ne soit pas la vérité. »

Avec ce bill d'indemnité, ils s'arrogent le droit d'ébranler toutes les croyances : ainsi faisaient leurs aïeux du quinzième siècle. Adorateurs secrets du libre Penser, on les vit s'attacher avec passion, qui à un philosophe, qui à un autre, exalter jusqu'aux nues le maître de leur choix, renouveler, du moins comme passe-port, toutes les écoles philosophiques de la Grèce et répandre sur l'Europe moderne le déluge d'erreurs dont elles avaient inondé le monde ancien. Pomponace restaure la *philosophie d'Aristote*. Pour lui et pour ses nombreux disciples, cette philosophie *bien entendue* consiste, entre autres, à nier l'immortalité de l'âme, les miracles et la providence. Et dans ses ouvrages, *de l'Immortalité de l'âme, du Destin* et *des Enchantements* [1], il enseigne ces trois erreurs, les plus monstrueuses de la philosophie païenne. Il fait mieux, il inaugure le principe de toutes les erreurs, le Rationalisme. « Dans son dernier ouvrage, dit M. Matter, Pomponace va plus loin que sa thèse; il montre à la religion en masse qu'elle aurait tort de vouloir encore lancer les foudres de l'anathème, qu'elle-même pourrait avoir besoin un jour de tolérance de la part des philosophes, et que, suivant des signes peu trompeurs, son règne était près de finir [2]. »

[1] *De immortalitate animæ, De fato, et De incantationibus.*

[2] *Histoire des sciences morales*, etc., t. I, p. 61.

« Voilà, ajoute un ancien auteur, l'excès d'impiété où arrivent *un grand nombre de philosophes :* ce que la crainte des lois les empêche d'enseigner publiquement, ILS LE FONT PASSER SOUS LE COUVERT D'ARISTOTE. C'est ce que vient de faire, à la honte de toute l'Italie, cet audacieux champion de l'erreur, Pierre Pomponace, dans des écrits qu'il n'a pas craint d'offrir aux souverains Pontifes eux-mêmes. Tels sont les ravages de cette bête féroce, qu'à Paris même il en est qui se glorifient d'être ses disciples [1]. »

Ficin, secondé par Callimaque, Pic de la Mirandole, Érasme, Thomas Morus, Patrizi, Campanella et une foule d'autres, renouvelle la philosophie de Platon. Tous les rêves religieux et politiques du disciple de Socrate, même les plus obscènes et les plus impies, sont exaltés comme des dogmes bienfaisants et lumineux. Ficin en paraît tellement convaincu, qu'à ses yeux la restauration du platonisme est une nouvelle révélation ménagée par la Providence, et qu'il compare aux persécuteurs de l'Évangile les persécuteurs de Platon, sur qui ne tarderont pas à tomber les foudres de la colère de Dieu [2].

[1] Guill. Postel. ap. Brucker, lib. II, c. III, p. 164.

[2] Nolite, precor, antiquam salutaremque doctrinam, heu! jam diu nimis oppressam, nuper autem in lucem divina providentia prodeuntem, insequi et crudeliter opprimere, ne forte, quam Deus

Ces dogmes professés par Ficin sont, entre autres, le Panthéisme et le Fatalisme, c'est-à-dire la grossière impiété de l'âme unique et universelle du monde, divisée par parcelles dans tous les êtres animés, et la croyance fataliste à l'influence des astres; Morus renouvelle les principes socialistes de Platon, en discutant à la manière des anciens les vérités fondamentales du christianisme; Callimaque et son académie pratiquent ouvertement, au sein même de Rome, le principe platonicien du libre Penser; et Pic de la Mirandole propose au pape d'en faire une application solennelle à toutes les bases de l'ordre religieux et social [1].

« *Dans les meilleures intentions du monde*, dit M. Matter, Pic de la Mirandole, l'oncle, ne proposait pas moins que l'examen public de *neuf cents questions* de religion, de morale et de politique. Un instant le pape autorisa la dispute. A la réflexion, il comprit le danger qu'il y avait à mettre en question toutes les bases de l'ordre établi. On reconnut d'ailleurs des hérésies dans les thèses de Pic, dont les

omnipotens vult ubique vivam, mortalis homo frustra perditam velit. Dextera enim Domini fecit virtutem, dextera Dei jam exaltavit eam: non morietur, sed vivet, et enarrabit opera Domini.—*Dedicat. version. dial.*, *Platon.*

[1] Ficin, *Præf. in Plotin.*; et *De vita cœlitus conservanda : mundum esse animatum*, etc.

affiches étaient posées en 1483, l'année même où naquit Luther. Pic alla bouder en France l'autorité qui lui interdisait la parole en Italie [1].

Disciples des Grecs et de Ficin, Reuchlin, Corneille Agrippa et leur nombreuse famille d'Italie, de France, d'Angleterre et d'Allemagne renouvellent la *philosophie de Pythagore* [2]. Reuchlin s'en fait un titre de gloire auprès de Léon X, à qui il ne craint pas de dédier son ouvrage, en lui disant qu'il s'est enfoncé dans tous les labyrinthes de la cabale, afin de faire briller de tout leur éclat les dogmes de Pythagore [3]. Comme ceux d'Aristote et de Platon, les disciples de Pythagore enseignèrent dans un langage énigmatique les plus graves erreurs sur la création du monde, sur la nature de Dieu et de l'homme; professèrent le panthéisme et d'autres énormités dont nous parlerons plus tard [4].

Passionné pour Thalès, Bérigard restaure l'*école ionique;* et, dans son dialogue de *Chariclée et d'Aristée*, il soutient, comme son maître, le matérialisme

[1] *Histoire*, etc., t. I, p. 94.

[2] Tu es ille Capnio, in quo vetus ille Pythagoras revixit.—*Petr. Mosell.*, *Epist.*, Reuchlin.

[3] Italiæ Marsilius Platonem edidit; Galliis Aristotelem Faber Stapulensis restauravit. Implebo numerum et Capnion ego, et Germanis per me renascentem Pythagoram tuo nomine dicatum exhibebo. — Præf., *In verb. mirific.*

[4] Brucker, t. IV, lib. II, p. 376 et 410.

et le fatalisme [1]. Juste Lipse, Scioppius et quelques autres renouvellent l'*école stoïque*, avec ses erreurs abominables [2]. Chrysostome Magnen et Gassendi restaurent, sur l'origine du monde, la *philosophie d'Épicure*. Dans sa partie morale, elle n'en avait pas besoin : depuis la Renaissance, aucune école philosophique n'était plus suivie. Après eux arrivent François Sanchez, Bayle, Spinosa, suivis d'un immense cortége, qui renouvellent la *philosophie du scepticisme*. Enfin, depuis la Renaissance, comme dans l'antiquité, la *théurgie* compte de nombreux apôtres. Par leurs écrits et par leurs exemples, Ficin, Corneille Agrippa, Bodin, Ringelberg et une foule d'autres popularisent parmi les humanistes les secrets des sciences occultes, qu'ils ont trouvés dans les anciens philosophes ; et la génération des théurgistes modernes a été depuis le retour du paganisme, elle est encore aujourd'hui dans toute l'Europe, infiniment plus nombreuse qu'on ne pense [3].

Vue dans ses différentes phases et dans ses caractères généraux, telle est la philosophie moderne. En sorte que rien n'est plus juste que cette appréciation de l'auteur des *Helviennes* : « *La prétendue*

[1] Brucker, t. IV, lib. II, p. 479. — [2] *Id.*, *In Sciopp.*, p. 501.

[3] Le temps ne nous permet pas d'en apporter la preuve ; on la trouvera dans les ouvrages de *démonologie*, qu'on rencontre partout et dans toutes les langues.

philosophie moderne, dit-il, *n'est qu'une radoteuse de plus de deux mille ans, qui reparaît chargée de rouge et de fard, pour rajeunir son teint basané par les siècles.* SES APÔTRES NE SONT QUE DES PAÏENS RESSUSCITÉS[1]. »

Or, qu'est-elle dans sa nature, sinon le Rationalisme en action, le libre Penser réduit en système? D'où est venue cette philosophie, complétement inconnue du moyen âge? De qui est-elle fille? *L'arbre se reconnaît à ses fruits; les semblables seuls produisent leurs semblables.* Entre la philosophie païenne et la philosophie moderne, il y a ressemblance, pour ne pas dire identité. Comme la première, la seconde trouve en naissant un corps de vérités, aliment des âmes et patrimoine des nations; au lieu de le respecter, elle le discute et l'ébranle. Brisant le joug salutaire de l'autorité, elle déifie la raison et la prend pour guide de ses travaux. Comme le fer est attiré vers l'aimant, un instinct irrésistible l'entraîne vers les Rationalistes de l'antiquité : elle les exalte, les admire, les adore, les prend pour oracles, renouvelle toutes leurs erreurs, toutes leurs écoles; marche comme eux d'abîme en abîme, ne découvre aucune vérité, tombe dans le scepticisme universel, s'endort dans l'épicurisme, et plutôt que de demander la vérité au christianisme, elle la cherche honteuse-

[1] Tome IV, lettre 76.

ment dans les ténébreuses pratiques de la superstition et de la théurgie.

Comme leurs aïeux de la Grèce et de Rome qui furent les patriarches de toutes les hérésies, les libres penseurs de la Renaissance créent le protestantisme, le socinianisme, toutes les hérésies modernes. Pour que rien ne manque à la similitude, la plupart des Rationalistes *chrétiens* sont, en punition de leur révolte contre la vérité, livrés, comme les Rationalistes païens, aux passions d'ignominie, et ils s'en font gloire! Nommez un vice infâme qui n'ait pas dans leur conduite ou dans quelques-uns de leurs écrits, en vers ou en prose, son apologie. Commencé par l'adoration de l'orgueil, le Rationalisme moderne, comme le Rationalisme ancien, finit par l'adoration de la chair. Cependant ces philosophes ont ébranlé le monde jusque dans ses fondements : religion, société, propriété, famille, tout est menacé d'un cataclysme tel que les siècles n'en ont point vu. C'est l'état où leurs aïeux avaient conduit le vieux monde, quelques jours avant les Barbares.

Si l'histoire peut encore établir un fait, il est donc clair comme le jour que le Rationalisme moderne est fils du Rationalisme païen, ou plutôt qu'il est ce Rationalisme lui-même remis en vogue par la Renaissance. Dès lors, comment des hommes graves peuvent-ils écrire aujourd'hui que « la résurrection de la philosophie païenne *au siècle dernier* est le fait culminant de notre époque? » Qu'on cite donc la partie si minime qu'elle soit de la philosophie païenne que le dix-huitième siècle a ressuscitée? Le fait est que la philosophie païenne existe en Europe depuis quatre siècles. Le dernier siècle ne l'a pas fait renaître : Voltaire, Rousseau, Bayle, en furent les continuateurs et non les restaurateurs. Une troisième preuve va venir, par surcroît, compléter notre démonstration.

Troisième preuve : *l'Église affirme que le Rationalisme moderne est né de la philosophie païenne, restaurée par la Renaissance.* —Soixante ans à peine s'étaient écoulés depuis l'arrivée des Grecs en Italie, et les plus graves erreurs de la philosophie païenne, la mortalité de l'âme, l'éternité du monde, le panthéisme, le fatalisme et le scepticisme, se reproduisaient publiquement au centre même de la catholicité. De ces erreurs fondamentales en découlent une foule d'autres, qui ne tendent à rien moins qu'à détruire le christianisme de fond en comble.

A la vue de cette subite et menaçante invasion du mal, inconnue jusque-là chez les peuples chrétiens, le pape Jules II convoque le cinquième concile général de Latran. Assemblé en 1512, il se continue en 1513 sous Léon X; et du sein de l'auguste assemblée émane la fameuse Constitution *Regiminis apostolici*. Dans notre étude généalogique du libre penser, il n'est pas de document plus important.

Le concile commence par déclarer que « les erreurs qu'il va condamner ne sont pas des erreurs anciennes, mais des erreurs *actuellement enseignées*; que ces erreurs sont *plus graves que celles d'autrefois*; qu'elles consistent à soutenir que *l'âme n'est pas immortelle*; qu'il n'y a *qu'une âme unique et universelle pour tous les hommes*; qu'il y a *deux vérités*, la vérité philosophique et la vérité théologique, de sorte que la même chose peut être vraie en philosophie et fausse en théologie [1]. » Cette dernière erreur n'est pas autre chose que le Rationalisme, qui, mettant la raison sur la même ligne que la foi, consacre l'incrédulité et conduit au pyrrhonisme.

Quelles sont les sources de ces erreurs abominables et pestilentielles? *Abominabiles et perniciosissimos*. Le concile en signale deux : « La philosophie et la poésie, dont les racines sont empoisonnées. *Infectas*

[1] Cum itaque diebus nostris, quod dolenter ferimus, zizaniæ seminator, antiquus humani generis hostis, nonnullos perniciosissimos errores..... Superseminare et augere sit ausus, de natura præsertim animæ rationalis, quod videlicet mortalis sit, aut unica in cunctis hominibus, et nonnulli temere philosophantes, secundum sa tem philosophiam, verum id esse asseverent, contra hujusmodi pestem opportuna remedia adhibere cupientes, etc. — *Coll. concil.*, an. 1513.

philosophiæ et poesis radices. » De quelle philosophie et de quelle poésie l'Église a-t-elle voulu parler? Il y a deux sortes de philosophie et de poésie : la philosophie et la poésie chrétienne, et la philosophie et la poésie païenne; de même qu'il y a deux littératures, deux arts, deux politiques, deux hommes dans l'homme et deux cités dans le monde. La philosophie chrétienne est celle qui a ses principes, ses sources, ses racines dans les enseignements divins. Au lieu de chercher la vérité à la lumière de la seule raison, cette philosophie se fait gloire d'être la servante de la théologie. Son but est d'élucider les vérités divines que jamais elle ne conteste. Au contraire, elle rejette comme fausse toute conclusion qui ne concorderait pas avec les enseignements de l'Église. C'est la philosophie des Pères, la philosophie du moyen âge, de saint Anselme, de saint Thomas, comme de saint Justin et de saint Augustin. Est-ce la philosophie que le concile signale comme une des causes des monstrueuses erreurs dont il gémit, et qu'il déclare *infecte dans ses racines?*

De même il y a une poésie chrétienne. C'est la poésie qui prend ses inspirations, ses sources, ses racines dans le vrai, le beau, le bon véritable. Cette poésie, fille de la foi, se fait gloire d'être l'écho harmonieux du monde surnaturel. Elle tend à élever l'homme au-dessus de la triple concupiscence, et dans ses chants elle respecte religieusement les lois de la vérité et les règles de la pudeur. C'est la poésie des prophètes, la poésie de Prudence, de Sédulius, de saint Damase, de saint Avit, d'Adam de Saint-Victor, et de leurs illustres successeurs. Est-ce la poésie que le concile signale comme une des causes des monstrueuses erreurs dont il gémit, et qu'il déclare *infecte dans ses racines?*

Si ce n'est ni à la philosophie chrétienne ni à la poésie chrétienne que s'applique la flétrissure du concile, c'est donc à une philosophie et à une poésie toutes différentes, et que l'on cultivait alors avec une ardeur exagérée. Quelles sont-elles? *C'est une philosophie,* dit le concile lui-même, *dont Dieu a montré la folie, une philosophie qui, ne marchant point à la lumière de la révélation, est une source d'erreurs bien plus que de vérités; c'est une philosophie et une poésie empoisonnées dans leurs racines.* Ces qualifications conviennent parfaitement, mais exclusivement, à la philosophie et à la poésie païennes remises en vogue par la Renaissance; philosophie et poésie devenues les racines et les modèles de la philosophie et de la poésie de cette époque; philosophie et poésie qu'on enseignait et qu'on étudiait partout avec un enthousiasme dont le danger égalait le ridicule [1].

[1] *Coll. concil.*, an. 1513. Cum non sufficiat aliquando tribulo-

L'histoire ecclésiastique ne laisse aucun doute sur ce point. « La condamnation du concile, dit-elle, frappe les philosophes *infectés de la doctrine des anciens païens, qui commençaient alors* à répandre les honteuses et désolantes doctrines de la mortalité de l'âme, du panthéisme et une infinité d'autres qui tendaient à ruiner le christianisme[1]. » Mais quand l'histoire se tairait, quel est l'homme assez peu instruit en philosophie pour ignorer que toutes ces erreurs ne sont qu'un *réchauffé* de l'antiquité et

rum radices præscindere, nisi et ne iterum pullulent funditus evellere, ac eorum semina originalesque causas unde facile oriuntur renovare, cum præcipue humanæ philosophiæ studia diuturniora, quam Deus secundum verbum apostoli evacuavit et stultam fecit, absque divinæ sapientiæ condimento et quæ sine revelatæ veritatis lumine in errorem quandoque magis inducunt, quam in veritatis elucidationem; ad tollendam omnem in præmissis errandi occasionem... statuimus ne quisquam de cetero in sacris ordinibus constitutus... philosophiæ aut poesis studiis ultra quinquennium post grammaticam et dialecticam, sine aliquo studio theologiæ aut juris pontificii incumbat. *Ubi suprà.*

[1] Nonnulli siquidem Arabum et veterum ethnicorum falsa doctrina infecti effutire cœperunt animam sua natura mortalem esse... alii unicam esse in omnibus hominibus. Ex quarum hæreseon sentina... innumeri alii errores quibus christiana convellebatur religio. — Reginald, ann. 1513, p. 41; — Mansi ajoute: « Hanc Lateranensis concilii constitutionem qua de animæ immortalitate dogma asseritur ea occasione latam esse non ambigo, quod Petrus Pomponacius philosophus peripateticus, librum ediderat, quo ex Aristotelis sensu animam natura sua mortalem esse defendit. » *Ubi suprà.* Spondo n'est pas moins explicite.

qu'elles se trouvent clairement enseignées en vers et en prose par les auteurs païens les plus admirés? Tels sont entre autres : Aristote, Platon, Zénon, Pline, Sénèque, Caton, Horace, Virgile, Lucain, ainsi que nous l'avons démontré dans le *Voltairianisme*. Rappelons seulement ici les paroles de Sénèque et de Lucain : « Veux-tu, dit le premier, appeler Dieu le monde, tu ne te trompes pas. En effet, Dieu est tout ce que tu vois; répandu dans toutes ses parties et se soutenant par sa propre force. Pourquoi refuserais-tu d'admettre qu'il y a dans le tout quelque chose de divin, puisque toi-même es une portion de Dieu. Le tout qui nous environne est un et Dieu, et nous sommes ses associés et ses membres [1]. »

Le second faisant parler Caton : « Dieu a-t-il un autre séjour que la terre, et la mer et le ciel et la vertu? A quoi bon chercher les dieux ailleurs? Jupiter est tout ce que tu vois, quelque part que tu ailles [2]. »

Chacun sait que le dogme de l'âme du monde fai-

[1] Vis illum (Deum) vocare mundum? Non falleris. Ipse enim est totum quod vides, totus suis partibus indi'us, ac se sustinens vi sua. Quid est autem cur non existimes in eo divinum aliquid existere, qui Dei pars es? Totum hoc quo continemur, et unum est et Deus, et socii ejus sumus et membra. *Quæst. natur.*, lib. II, c. 45.

[2] « Est-ne Dei sedes nisi terra et pontus et aer et cœlum et virtus? Superos quid quærimus ultra? Juppiter est quodcumque vides, quocumque moveris. » *Phars.*, etc.

sait la partie principale du système des stoïciens.

Le concile déclare donc, et à juste titre, cette philosophie et cette poésie empoisonnées dans leurs racines. En effet, les racines de la philosophie et de la poésie païennes, leurs tendances, leur dernier mot, sont le mépris de l'autorité, l'émancipation de la raison, la glorification de la triple concupiscence; en d'autres termes, tout ce qu'il y a de plus empoisonné et de plus empoisonneur, le Rationalisme et le Sensualisme. Il est bien remarquable que la Bulle enveloppe dans la même réprobation la philosophie et la poésie païennes, *infectas philosophiæ et poesis radices*. On ne peut qu'admirer ici la profonde sagesse de l'Église. La philosophie païenne, comme nous venons de le dire, émancipe la raison; la poésie païenne émancipe la chair. La réunion de ces deux éléments forme la complète apothéose de l'homme et la négation absolue du christianisme.

La Constitution qui nous occupe n'est pas seulement décisive pour établir l'origine du Rationalisme moderne, elle confirme encore avec une autorité souveraine tout ce que nous avons dit de l'incroyable fanatisme qui s'était emparé de l'Europe pour l'antiquité païenne. Tel était au commencement du seizième siècle l'engouement du clergé lui-même pour les études profanes, que le concile est obligé, d'une part, de défendre aux ecclésiastiques séculiers ou réguliers, engagés dans les ordres sacrés, de se livrer publiquement, PENDANT PLUS DE CINQ ANS, après avoir appris la grammaire et la dialectique [1], à l'étude exclusive de la philosophie et de la poésie païennes; d'autre part, d'ordonner à ces mêmes ecclésiastiques qui, après ces cinq ans révolus, voudraient passer leur vie dans le commerce des philosophes et des poëtes païens, de s'occuper aussi de théologie et de droit canon, afin de trouver dans ces études salutaires de quoi expurger et désinfecter les racines empoisonnées de la philosophie et de la poésie [2].

Soixante ans après la Renaissance, il y avait donc

[1] Remarquez bien que le concile n'autorise pas à étudier ces sciences dans les auteurs païens. — S'impose a chierici ne' sagri ordini d'applicare agli studii ecclesiastici della teologia, de' sagri canoni, senza profanare o scialacquare il tempo assegnato loro, nell' apprendere la poesia, la quale nella vanità de' suoi metri non è nulla confacente alla gravità della loro professione, bastando all' acquisto d'una dicevole facundia lo studio di qualche anno de' più teneri nella rettorica o nella dialettica; senza più avvilire il tempo in tali deviamenti, quando fatti gia huomini, abbisognano di frutti di dottrina, non di frondi di eleganza. — Battaglini, *Ist. univ. di tutti i concil.* Venez., 1686; in fol., p. 769.

[2] Verum dicto exacto quinquennio, si illis studiis insudare voluerit, liberum sit ei, dum tamen simul aut seorsum, aut theologiæ, aut sacris canonibus operam navaverit, ut in his sanctis et utilibus professionibus sacerdotes Domini inveniant, unde infectas philosophiæ et poesis radices purgare et sanare valeant. — *Id.*

dans toute l'Europe des diacres, des prêtres, des religieux en grand nombre, qui, au lieu d'étudier un peu, *aliquo studio*, l'Écriture sainte, les Pères de l'Église, les sciences sacrées, se repaissaient exclusivement pendant toute leur vie de la nourriture des démons : *Secularis sapientia, rhetoricorum pompa verborum, carmina poetarum, cibus demoniorum*, suivant l'expression de saint Jérôme. Si tel était l'enivrement du clergé pour ces études empoisonnées, quel devait être celui des laïques? On peut en juger, d'abord par le silence même du concile, qui n'ose étendre sa défense jusqu'à eux, ensuite par la règle de conduite qu'il prescrit. Ne semble-t-il pas qu'elle devait être la défense d'enseigner désormais à la jeunesse dans les écoles publiques une philosophie et une poésie sources des erreurs abominables qui désolaient l'Église? « Mais, dit le père Possevin, le monde alors était ivre d'Aristote et de Platon, ivre d'Horace et de Virgile, et la défense de l'Église n'aurait eu probablement d'autre résultat que de multiplier les prévaricateurs [1]. »

La Bulle se contente d'ordonner aux professeurs de réfuter, lorsqu'ils les rencontreront, toutes les doctrines des philosophes anciens favorables aux erreurs condamnées par le concile; de plus, elle limite, comme nous avons vu, pour les ecclésiasti-

[1] Raggion.

ques seulement, l'étude de la philosophie et de la poésie profanes. Enfin, le concile ordonne que ses prescriptions soient publiées chaque année dans toutes les écoles, à la rentrée des classes [1].

Qu'elles sont tristes, mais qu'elles sont instructives les révélations contenues dans cette Constitution, signée de Léon X! Elles nous apprennent quelle était aux yeux du concile la source du mal, dont la violence inouïe ébranlait la religion jusque dans ses fondements; elles manifestent le sentiment profond qu'avait l'Église du danger qui la menaçait; elles montrent la puissance gigantesque de la Renaissance à cette époque, puissance telle que l'Église n'ose en quelque sorte la combattre de front dans ses deux manifestations principales.

Du moins, dans le peu qu'elle commande, sa voix sera-t-elle écoutée? L'histoire des trois derniers siècles est là pour répondre. Sa réponse connue

[1] Omnibus et singulis philosophis in universitatibus studiorum generalium, et alibi publice legentibus, districte præcipiendo mandamus ut cum philosophorum principia aut conclusiones, in quibus a recta fide deviare noscuntur, auditoribus suis legerint seu explanaverint, teneantur eisdem veritatem religionis christianæ omni conatu manifestam facere, etc. *Id.* — Et hos canones per ordinarios locorum ubi generalia studia vigent, et rectores universitatis eorumdem studiorum singulis annis, in principio studii, in virtute sanctæ obedientiæ, publicari mandamus. — *Bullar.*, t. V, p. 393.

de tous est que, loin de se ralentir, la fièvre de l'antiquité païenne ne fit qu'augmenter; que la poésie païenne continua d'avoir des milliers d'adorateurs et d'imitateurs, que la philosophie païenne ressuscita avec toutes ses erreurs et toutes ses sectes; que le sensualisme et le Rationalisme, sortis de ces sources empoisonnées, ont envahi l'Europe; que jamais l'Église n'eut à gémir sur un pareil libertinage d'idées et de mœurs. « L'Église éleva la voix, dit Brucker, mais telle était déjà l'étendue et la profondeur du mal, qu'il ne fut point ralenti dans sa marche, ni à plus forte raison atteint dans ses racines [1]. »

Après avoir parcouru triomphalement tous les degrés de l'erreur, le Rationalisme, fils de la Renaissance, arrive aujourd'hui à son apogée.

[1] Parum ista medicina effecit, nec retardari imminuique, multo minus tolli eradicarique malum potuit.—*Hist. phil.*, t. IV, p. 348.

CHAPITRE XIX.

DERNIER MOT DU RATIONALISME MODERNE.

Dans le passé, trois effets du Rationalisme : le Protestantisme, le Philosophisme du dix-huitième siècle, la Révolution française. — Menaces pour l'avenir. — Destruction de la religion : témoignages. — Association formée dans ce but. — Destruction de la Société : témoignages. — Association formée dans ce but. — Conclusion.

Jamais il n'eût été plus nécessaire qu'à l'époque de la Renaissance d'écouter avec respect la voix de l'Église. L'Europe était à peine remise des secousses violentes produites par le grand schisme d'Occident; le bûcher de Jérôme de Prague était loin d'avoir consumé tous les germes de révolte qui fermentaient dans les âmes; les mœurs publiques avaient reçu de graves atteintes. La société ne pouvait se renouveler qu'en se retrempant dans le christianisme, c'est-à-dire aux sources mêmes de sa vie religieuse, politique, scientifique, artistique et littéraire. Malheureusement ce fut au paganisme classique de la Grèce et de Rome qu'on demanda cette rénovation.

Devenu l'oracle universel, il enseigna ce qu'il sait, il communiqua ce qu'il est : Luxe et misère, orgueil et volupté. Luxe de formes, de mots et de systèmes, disette de vérités et de vertus; orgueil de la raison, et volupté des sens. A son école les philosophes émancipent la raison, les politiques émancipent l'État, les littérateurs et les artistes émancipent la chair.

Cette triple émancipation ouvre la voie au Protestantisme, dont elle explique les étranges succès. « Les doctrines de la Réforme, dit M. Matter, sortirent des écoles de la Renaissance [1]. » Quand Luther parut, déjà la libre pensée était grande fille; il l'arrêta au seuil des Écritures, et tint le livre pour divin, ce que ne firent pas les libres penseurs qui le précédèrent et ceux qui le suivirent. Quoi qu'on en dise, LE MAUVAIS GÉNIE QUI PLANE SUR LES TEMPS MODERNES, CE N'EST PAS L'ESPRIT DE LUTHER, C'EST L'ESPRIT INDÉPENDANT DE LA PHILOSOPHIE GRECQUE, sous l'inspiration duquel les Renaissants, antérieurs à Luther, ont inauguré la liberté de la pensée et la liberté de l'action.

Ainsi, au commencement du seizième siècle, le paganisme fait avorter la rénovation chrétienne de l'Europe, et prépare l'immense révolution qu'on appelle le Protestantisme, avec toutes ses consé-

[1] *Histoire*, etc., t. I, p. 229. — Il le dit après cent autres.

quences désastreuses, aussi bien dans l'ordre social que dans l'ordre religieux.

Plus tard, malgré la réforme générale prescrite par le concile de Trente, malgré les tendances religieuses d'une portion de la société au dix-septième siècle, il conduit le *monde moral* à la plus grande catastrophe connue dans l'histoire, le philosophisme du dix-huitième siècle. « Ah! s'écrie un écrivain non suspect, si la littérature du siècle de Louis XIV eût invoqué le christianisme au lieu d'adorer les dieux païens; si ses poëtes eussent été ce qu'étaient ceux des temps primitifs, des prêtres chantant les grandes choses de leur religion et de leur patrie, le triomphe des doctrines sophistiques du dernier siècle eût été beaucoup plus difficile, peut-être même impossible. La France n'eut pas ce bonheur; ses poëtes nationaux étaient presque tous des poëtes païens, et notre littérature était plutôt l'expression d'une société idolâtre et démocratique que d'une société monarchique et chrétienne. Aussi les philosophes parvinrent-ils en moins d'un siècle à chasser des cœurs une religion qui n'était plus dans les esprits[1]. »

A la fin du dix-huitième siècle, alors que le despotisme de Louis XIV et les orgies de la régence

[1] V. Hugo, dans M. Nettement, *Histoire de la littérature*, etc., t. I, p. 317.

rendaient nécessaire une rénovation sociale, le paganisme précipite l'Europe dans le cataclysme qui s'appelle la Révolution française. « Si nous avons, disait le régicide Chazal, relevé nos fronts courbés sous le joug de la monarchie, c'est parce que l'heureuse incurie des rois nous permit de nous former aux écoles de Sparte, d'Athènes et de Rome. Enfants, nous avions fréquenté Lycurgue, Solon, les deux Brutus, et nous les avions admirés; hommes, nous ne pouvions que les imiter [1]. »

Tant il est vrai qu'à raison des secrets penchants de l'homme déchu, la philosophie, la littérature, la civilisation, la politique païenne, en un mot l'élément païen sous une forme ou sous une autre, proposé à l'étude et à l'admiration de la jeunesse, sera toujours un immense danger pour les peuples chrétiens. C'est l'étincelle à côté de la paille, le fruit défendu sous les yeux d'Ève, l'idole au milieu d'Israël : l'éclair rencontrant l'éclair.

Aujourd'hui, l'Europe, qui semble avoir des yeux pour ne pas voir et des oreilles pour ne pas entendre, reste insensible à ces terribles leçons. Sinon dans sa forme, du moins dans son esprit, le paganisme classique continue d'être l'hôte chéri du foyer. Par son luxe babylonien, par ses modes coupables et par ses danses plus coupables que ses

[1] Voir notre *Histoire de la Révolution*, t. I.

modes, il est de toutes les fêtes publiques; il joue la tragédie dans les petits séminaires, et la comédie dans les couvents; rédacteur en chef des grands journaux, il prêche le naturalisme en religion, et la haine de l'Église; ailleurs, feuilletoniste ou romancier, il excite tous les appétits du sensualisme; dans les colléges il enseigne le grec et le latin, l'éloquence et la poésie; dans les ateliers il forme les peintres et les sculpteurs; sous le nom de semi-rationalisme, il distille trop souvent son poison dans les écoles de philosophie les plus *orthodoxes* [1], et sous le nom de Rationalisme, il domine le haut enseignement de l'histoire, de la géologie, de l'astronomie, de l'économie sociale et de la philosophie. Grâce à cette *heureuse incurie*, il prend chaque jour de nouvelles forces, augmente ses recrues, discipline ses soldats, concerte ses plans, prépare ses armes, creuse ses mines, jusqu'au jour, peut-être moins éloigné qu'on ne pense, où, sur les ruines de l'Europe, il écrira en lettres de sang son dernier mot.

[1] « On rencontre ensuite, dit un illustre écrivain, les imprudents professeurs du semi-rationalisme, qui ne reviennent pas de leur étonnement lorsqu'ils voient plus tard ces jeunes gens à qui ils firent leurs belles démonstrations de l'existence de Dieu, de la providence, de l'immortalité de l'âme, afficher hautement, au sortir de leurs écoles, le matérialisme, l'athéisme et le déisme. Tandis qu'ils devraient, ces maîtres aveugles, se souvenir qu'ils ont eux-mêmes préparé la voie aux erreurs et aux égarements de leurs élèves. » — Le P. Ventura, *De Method. phil.*, LXX.

Quel est ce dernier mot du Paganisme et du Rationalisme, son fils aîné? Pour le connaître il faut interroger non pas ses adeptes vulgaires, mais ses chefs les plus accrédités et les plus logiques. TABLE RASE DE TOUT CE QUI EXISTE, DESTRUCTION COMPLÈTE DE LA RELIGION ET DE LA SOCIÉTÉ, tel est, suivant ses pontifes, le dernier mot du Rationalisme moderne.

Le Rationalisme et le Socialisme sont frères. Le premier proclame l'indépendance absolue de la raison dans l'ordre des idées; le second proclame l'indépendance absolue de la volonté dans l'ordre des faits; le premier dit : Pas de Dieu, pas de lois religieuses; le second dit : Pas de rois, pas de lois sociales. L'un et l'autre : liberté absolue, égalité absolue; haine à toutes les supériorités de talent, de naissance ou de fortune; mort à toutes les *tyrannies* divines ou humaines. L'exécution de ce double plan est le fait souverain auquel, suivant eux, est attachée la régénération du monde : à le réaliser ils convient le monde lui-même.

Aux classes lettrées, les Rationalistes philosophes crient chaque jour sur tous les tons : PLUS DE CHRISTIANISME! « En vain, disent-ils, avec le dix-huitième siècle nous flattions-nous d'avoir *écrasé l'infâme*, l'infâme renaît plus vigoureux, plus intolérant, plus rapace et plus affamé que jamais. La religion catholique est une théocratie avide, sans esprit de famille et sans foyer, obéissant à un chef étranger et faisant courber sous son joug les gouvernements et les peuples... C'est contre cette domination qu'il faut combattre... Pour atteindre ce but, il faut établir autel contre autel... *La maçonnerie combat le Christianisme à outrance.....* il faudra bien que le pays finisse par en faire justice, dût-il *employer la force* pour se guérir de cette lèpre[1]. »

Afin d'enrôler toutes les passions sous leur drapeau, ils représentent le Christianisme comme l'ennemi du progrès, de la liberté et des jouissances. « Oui, le Catholicisme est le parti du passé; oui, le Catholicisme s'oppose à l'avénement de toute idée, de toute doctrine, de toute institution marquée au coin du progrès; *tous les libéraux le savent.* Il y a pour les hommes du progrès, quelque divisés qu'ils puissent être, un *ennemi commun*, le CATHOLICISME. C'est lui qu'il s'agit de vaincre; c'est pour L'ANÉANTIR qu'il faut s'unir. Hommes du progrès, comprenez-le bien : C'EST SUR LES RUINES DU CATHOLICISME que vous devez édifier l'avenir de l'humanité. De l'union, de l'union! Combinez vos efforts afin d'écraser cet éternel ennemi de toute lumière : le CATHOLICISME[2]. »

Ailleurs : « Tant que vous n'aurez pas déraciné

[1] Séance maçonnique belge, 2 juillet 1846 et 24 juin 1854; *Journal d'Anvers*, août 1857. — [2] *Congrès libéral*, juillet 1857.

l'intime servitude, celle que le Catholicisme a gravée, depuis plus de mille ans, dans l'âme des nations modernes, la servitude morale ; *tant que l'esprit n'aura pas chanté sa Marseillaise*, il ne servira de rien d'affranchir les hommes..... Une Église qui n'a de titres à l'universalité que *l'universel abaissement* des peuples qu'elle enseigne continue la lutte de la foi contre la raison , *de la tyrannie morale contre le libre examen*[1]. »

Plus loin : « Oui, ce qu'il y a de plus effrayant au monde, c'est de voir des peuples, des États, s'asseoir tranquillement à l'ombre d'une *religion morte*. Quel silence, grand Dieu ! quelles ténèbres !... La discussion est close avec le Catholicisme, puisque, sauf l'injure, il reste muet à toute contradiction. Ses dogmes vieillis ne sont plus que *le cadavre d'une religion ;* et si la société par un effort quelconque ne s'en délie, elle devient elle-même *cadavre*[2]... »

« Aussi, nous crions aux *chrétiens abrutis* qui élèvent des églises à la Déesse immaculée : Dieu, tel que notre époque peut le comprendre, n'est pas votre Dieu. A votre philosophie mystique, qui ne voit dans l'homme qu'une âme à sauver et qui *subjugue le corps comme un esclave*, nous opposons la philosophie de la raison, qui *reconnaît tous les droits*

[1] Meline et Cans, *Question religieuse*, p. 1. — [2] Quinet, *Lettre à Eugène Sue*, 5 décembre 1856.

de la nature et les intuitions sublimes du cœur..... Faut-il le dire? IL N'EST PAS UNE IDÉE DU CHRISTIANISME QUE NOUS N'ATTAQUIONS EN VÉRITABLES NÉGATEURS, EN NÉGATEURS OBSTINÉS; ET NOUS NOUS EN FAISONS GLOIRE[1]. » « IL FAUT QUE LE CHRISTIANISME TOMBE. Voulons-nous, en aveugles, laisser les choses suivre leur pente? Le dix-neuvième siècle sera-t-il le seul qui ne veuille tirer aucun résultat des protestations qui partent de tous les points de la terre contre la même tyrannie? *Le despotisme religieux ne peut être extirpé sans que l'on sorte de la légalité.* Aveugle, il appelle contre soi la FORCE AVEUGLE; point de trêve avec l'injuste, je n'en accepte aucune[2]. »

Il est bon d'en faire la remarque : ces vociférations infernales, le monde ne les a entendues que deux fois : la première sous les Césars, alors que le Paganisme, tremblant de perdre l'empire, armait ses bourreaux, allumait ses bûchers, et criait de toutes parts : Les chrétiens au lion! *Christianos ad leonem!* La seconde fois aux siècles de la Renaissance, alors que le Paganisme rappelé du tombeau vient ressaisir son sceptre brisé par le Catholicisme.

Plus habile que la Révolution française, à laquelle il reproche d'avoir attaqué tous les cultes, au lieu de concentrer ses forces contre le Catholicisme, ce

[1] *National belge*, 21 novembre 1836. — [2] Quinet, préface aux *Œuvres de Marnix*.

qui lui aurait *permis d'en finir*, le Rationalisme actuel s'écrie : *Ne refaisons pas la même faute!* Puis, faisant un appel à toute l'armée du mal, il veut qu'elle réunisse ses colonnes et se mette en mouvement contre l'ennemi commun. « Voilà pourquoi, dit-il, je m'adresse à toutes les croyances, à toutes les religions qui ont combattu Rome. Elles sont *toutes dans nos rangs*. C'est ici la cause du seizième siècle comme du dix-neuvième, de la Réforme comme de la Révolution. Ce n'est pas seulement Rousseau, Voltaire, Kant, qui sont avec nous contre *l'éternelle oppression*; c'est aussi Luther, Zwingli, Calvin, toute la *légion des esprits* qui combattent avec leur temps, avec leurs peuples, contre le *même ennemi* qui nous ferme en ce moment la route[1]. »

Quels moyens d'extirper le Catholicisme et de délier l'humanité d'une religion cadavre dont le contact menace de la rendre cadavre? Il y en a deux, la force et la désertion. « Celui, ajoute-t-il, qui entreprend de déraciner une superstition caduque, s'il possède l'autorité, doit avant tout rendre l'exercice de cette superstition *absolument et matériellement impossible*[2]. » En attendant que la force soit aux mains du Rationalisme, que faut-il faire? Abandonner en masse le Catholicisme. « *Sortez de la*

[1] Quinet, préface aux *Œuvres de Marnix*. — [2] *Id.* id.

vieille Église, vous, vos femmes, vos enfants; sortez par toutes les portes ouvertes, sortez[1]. »

Comment les peuples sortiront-ils du Catholicisme? Par l'abandon de tous les devoirs qu'il impose. « Il faut, pour commencer, que des hommes éclairés, fermement convaincus des maux affreux causés par la religion catholique et des périls incessants dont elle menace l'humanité, prennent l'engagement, à toujours, de se borner, eux et leur famille, à l'observation de la loi civile, en ce qui touche la naissance, le mariage, le décès, conséquemment *à repousser tous les sacrements religieux*[2]. »

Une fois sortis du Catholicisme, quelle religion donnerez-vous aux peuples; car l'homme ne peut pas plus se passer de religion, qu'il ne peut se passer de pain? Nous leur donnerons la religion du Rationalisme. « L'IDÉAL DOIT ÊTRE LE RATIONALISME PUR[3]. »

Voilà qui est clair. Mais entre le Catholicisme et le Rationalisme pur, la distance est longue : les peuples peuvent-ils la franchir en un clin d'œil? « Cela, disent-ils, serait assurément *très-logique, très-désirable*; malheureusement la chose n'est pas possible. En attendant, il faut leur donner une religion *transitoire*. Or, parmi les formes les plus modernes du Christianisme, il y en a une qui semble toute pré-

[1] Quinet, préface aux *Œuvres de Marnix*, et *Question religieuse*, p. 29. — [2] *Id.*, p. 97. — [3] *Id.* p. 70.

parée pour faire *le pont* sur lequel les peuples peuvent passer l'abîme sans vertige et sans désir de retourner en arrière : c'est l'*Unitarisme*. L'Unitarisme n'est rien autre chose que la profession de foi du *Vicaire Savoyard*, qui a été si longtemps L'AME DE LA RÉVOLUTION FRANÇAISE. Cette secte atteint presque au Rationalisme, attendu qu'elle repousse la papauté, la confession, le célibat des prêtres, les sacrements religieux à l'endroit de la naissance, du mariage et du décès, les ordres monastiques; elle peut donc servir de religion transitoire, sans rien offrir qui répugne à la raison. En effet, que reste-t-il? la Bible, œuvre humaine; l'Évangile, œuvre humaine; Jésus de Nazareth, un sage, un philosophe, comme Socrate, Marc-Aurèle, Platon[1]. »

Ces prédications, dignes de Satan lui-même, ont trouvé de l'écho; elles viennent d'aboutir à une association dont voici le programme : « Un certain nombre de citoyens voulant mettre en pratique les principes professés par la majorité des libres penseurs, mais laissés jusqu'aujourd'hui à l'état de théorie, ont résolu l'organisation d'une association *prenant pour point de départ l'enterrement en dehors de toute cérémonie catholique*. Après plusieurs réunions, où les bases de l'association ont été débattues et arrêtées, un comité provisoire a été composé,

[1] *Question religieuse*, p. 18 et 73.

et l'association définitivement constituée dans la soirée du 29 juillet[1].

» L'association prend l'enterrement civil comme point de départ, pour arriver A LA SUPPRESSION SUCCESSIVE DE TOUTES LES PRATIQUES CATHOLIQUES. Comme moyen, elle arrête la fondation d'une caisse à l'aide d'une cotisation et de souscriptions volontaires. Elle adresse son appel à tous les libres penseurs.

» La cotisation mensuelle est fixée à 1 franc.

» Le comité central siége à Bruxelles. Il se mettra immédiatement en relations avec les comités des provinces, de manière à imprimer à l'association le caractère d'unité et de solidarité qui doit en assurer la marche et le succès[2]. »

Au sein de l'Europe chrétienne, après dix-huit siècles de Christianisme, UNE ASSOCIATION PUBLIQUEMENT ORGANISÉE, non par des Tartares ou des Chinois, mais par des chrétiens, POUR LA DESTRUCTION DU CHRISTIANISME; et cela, sans plus de façon que s'il s'agissait d'une association pour l'exploitation d'une mine ou d'un chemin de fer : tel est donc le dernier mot des Rationalistes actuels, de ces philosophes qui se font gloire d'être les fils de la Renaissance avant d'être les fils de la Révolution.

Que cette association satanique soit la manifestation ridicule d'une haine impuissante, nous voulons

[1] 1857. — [2] Journaux belges, août 1857.

bien l'admettre. Mais le fait est qu'elle existe et qu'elle révèle les tendances suprêmes du Rationalisme; le fait est que l'idée d'une pareille association ne fût pas née au moyen âge; le fait est que si quelque chose de semblable fût venu épouvanter nos aïeux, ils auraient couru aux autels pour apaiser le ciel, aux armes pour exterminer les auteurs d'une pareille énormité; le fait est qu'aujourd'hui cette association se produit au grand jour, que l'Europe en est informée par les cent voix de la presse; que, hautement ou à demi-voix, plusieurs y applaudissent, beaucoup en rient, le plus grand nombre y reste indifférent; qu'aucun gouvernement ne s'en émeut, et que la porte d'aucun salon ne sera fermée à ces lettrés apostats, qui ont juré de ramener le monde à la barbarie païenne!

Un autre fait non moins instructif est que la Belgique, peuplée de Rationalistes de cette trempe, et dominée par des francs-maçons non moins avancés, jouit depuis près de quarante ans de la liberté d'enseignement, et qu'elle a été élevée en majorité par les ordres religieux. En présence de ce fait désolant, qui se reproduit sous nos yeux en Suisse et en Italie, comme il se produisit en France à la fin du siècle dernier, le moyen de se soustraire à ce raisonnement importun : ou l'éducation secondaire donnée même par le clergé est irréprochable, ou elle ne l'est pas. Si elle est irréprochable, à quoi sert-elle? et si elle ne l'est pas, d'où vient qu'on s'obstine, en dépit de l'expérience, à maintenir un système d'enseignement qui, s'il ne favorise pas directement la Révolution, n'a pu, dans aucun pays, malgré les conditions les plus favorables, l'empêcher de s'élever à sa dernière formule et de grandir au point de tenir aujourd'hui, dans toute l'Europe, l'ordre religieux et l'ordre social en échec?

Nous disons l'ordre social. En effet, pendant que leurs frères aînés les Rationalistes philosophes menacent le christianisme d'une destruction complète, les Rationalistes socialistes disent ouvertement ce qu'ils comptent faire de l'ordre social, le jour où le pouvoir tombera entre leurs mains.

PLUS DE ROIS, PLUS DE PROPRIÉTAIRES; tel est le mot d'ordre de leurs sociétés secrètes, le refrain de leurs journaux, le but avoué de toute cette armée de barbares qu'on appelle LA SOCIALE[1]. Pour elle, le régicide est le premier, le plus saint des devoirs; non-seulement elle soudoie les assassins, mais elle les excite et les glorifie. « Il est temps, dit-elle, AUJOURD'HUI MÊME, que les hommes comme Brutus, au nom du même principe, accomplissent la même mission inexorable, fatale. Déjà Pianori et Agésilas Milano ont commencé

[1] Déjà nous avons enregistré une partie de ses aveux : 1re, 2e et 6e livraisons de la *Révolution*.

la chaîne de ces héros qui, dégageant la Révolution des chaînes du doctrinarisme, la poussent SUR L'UNIQUE VOIE qui soit logique et qui puisse la conduire au salut. Ils sont tombés, mais leur GLORIEUSE ENTREPRISE sera mise au nombre des plus BELLES ACTIONS de l'histoire contemporaine [1]. »

En effet, suivant les traditions de la Renaissance et de l'antiquité païenne, les poëtes ont chanté l'assassin du roi de Naples, et la justice du pays n'a rien trouvé à reprendre dans leurs vers. Là ne s'est pas bornée la glorification du régicide. Une médaille a été frappée en l'honneur de Milano et de Bentivegna, VICTIMES de la tyrannie bourbonnienne. Un côté de la médaille représente Milano mort; dans le lointain on aperçoit le Vésuve qui menace le tyran de ses feux. Autour on lit : « A. MILANO *seul, en plein jour, à visage découvert, s'est levé contre l'ennemi, entouré et puissant :* RÉDEMPTEUR CIVIL.

» Sur l'autre face est Bentivegna sur le point d'être fusillé, le genou droit en terre, la main droite tenant le bandeau qui doit lui couvrir les yeux et la main gauche découvrant sa poitrine. Au-dessous on lit : FR. BENTIVEGNA, *impatient, avec peu d'hommes, déclara la guerre au pouvoir méchant ; préludant, au prix de son propre sang, à la liberté italienne* [2]. »

Les débats de nos cours d'assises ont révélé que

[1] *Italia del Popolo*, novembre 1856. — [2] L'*Espero*, mars 1857.

le nom des deux régicides Milano et Pianori est le mot de ralliement des sociétés secrètes la *Militante* et les *Francs-Juges* [1].

Dans toute cette armée ténébreuse, dont les colonnes enlacent l'Europe comme un réseau, le régicide est le premier devoir du soldat, la première condition de son enrôlement. Les francs-maçons ne passent pas pour les plus avancés parmi les libres penseurs socialistes. Voici néanmoins le serment du *chevalier d'Asie*. Après qu'on lui a bandé les yeux, lié les mains, mis la corde au cou, passé pour tout vêtement une robe blanche teinte de sang, on lui place la main droite sur un cadavre, la gauche sur les statuts de l'ordre, et il prête le serment suivant : « Je jure sur ce que j'ai de plus sacré de coopérer à la destruction des traîtres et des persécuteurs de la franc-maçonnerie, *de les écraser par tous les moyens qui seront en mon pouvoir ; je jure de reconnaître comme le fléau des malheureux et du monde* LES ROIS *et les fanatiques religieux, et de les avoir toujours en horreur ; je jure de prêcher partout où je me trouverai les Droits de l'homme, et de ne suivre jamais d'autre religion que celle que la nature a gravée dans nos cœurs. Je jure obéissance* SANS RESTRICTION *au chef de ce conseil ou à celui qui le représentera.* Que toutes les épées tournées vers moi s'enfoncent dans mon

[1] *Audience* du 17 septembre 1857.

cœur si jamais j'avais le malheur de m'écarter de mes engagements, pris de ma pleine et libre volonté. Ainsi soit-il. »

« Après que le nouveau chevalier a prononcé ce serment, il l'écrit, avec du sang tiré de ses veines, *au grand livre de l'architecture et de la correspondance secrète ;* puis on lui demande : *A quelle époque sommes-nous? — A la régénération du monde.* Alors le grand maître dit : Mes frères, retirons-nous; allons éclairer les hommes et *exterminer les serpents qui régissent l'ignorance humaine.* L'attouchement se fait en disant : *Sauvons le genre humain*[1]. »

A la haine des rois et de la société se joint aussi dans les Rationalistes socialistes la haine à mort de la religion et des prêtres. Voici ce qu'un d'entre eux osait écrire cette année même : « La France, comme Danton, s'est un jour vendue, cédant au sordide attrait des appétits matériels; comme l'honnête femme longtemps irréprochable, elle s'est un jour indignement prostituée. Mais la France saura glorieusement racheter son passé. De même que le malade qui a enfin conscience de son mal, elle demandera aux topiques les plus violents l'EXTIRPATION RADICALE DU VIRUS CATHOLIQUE, cette maladie chronique qui nous mine, nous ronge, nous énerve, nous hébête et nous mate! C'est elle qui, par l'accoutumance prise dès le bas

[1] *Annales maçonniques*, t. V, p. 219 et 226.

âge de croire et de se soumettre aveuglément, sans examen, à l'AUTORITÉ DES DOGMES LES PLUS STUPIDES OU LES PLUS ATROCES, nous prédispose à nous soumettre à toute AUTORITÉ POLITIQUE, si infâme qu'elle soit, si monstrueuse que soit son origine [1]. »

« Il ne nous manque plus qu'une volupté, écrit un autre, c'est de *pendre de nos mains le dernier prêtre au cou du dernier riche*. Je fais quelquefois d'heureux rêves. Je crois voir Rome s'abîmer au dernier éclat des trônes qui croulent. Rome, c'est la Babylone des temps modernes; contre elle la Jérusalem sanglante du prolétariat s'avance comme l'ange réparateur. Puisse-t-elle, moi vivant, écraser tous ceux qui veulent dominer l'humanité, et qui se croient du génie, de la naissance, de la fortune et de l'autorité! Nous NIVELONS, NOUS NIVELONS; et un jour la société vieille, bâtarde, décrépite, se trouvera toute honteuse d'être condamnée à mourir par ceux dont elle a méprisé les noms. Quel beau jour [2]! »

Pour en imposer aux simples, ils ne craignent pas de faire un sacrilége abus du nom adorable du Fils de Dieu. « Nous avons parmi nos frères, écrit Médeff à ses adeptes, des cœurs qui ne voient pas où nous allons. Ils sont religieux par un sentiment puisé sur les genoux des grand'mères. Nous ne de-

[1] Eugène Sue, Lettre au *National* de Bruxelles, 1er mars 1857.

[2] Kohlmeyer à Justus de Lausanne.

vons pas rompre en visière avec ce sentiment, qui est un fanatisme d'enfance. Il faut l'absorber dans un autre; nous pouvons faire du Christ une divinité. Mais il a été prolétaire, dira-t-on, faisons-en le souffre-douleur des pharisiens, les aristocrates de son temps. *Parlons du Christ avec un certain respect.* C'est ainsi que nous gagnerons peu à peu nos frères endurcis dans la dévotion. »

Ailleurs, revenant à la haine infernale qui les inspire, ils disent : « Le résumé de toute dégradation de l'homme, la *dégradation de l'homme même, est la soi-disant religion appelée chez nous le christianisme* [1]. »

Ce n'est pas seulement la personne des rois, des prêtres et des riches que le Rationalisme socialiste menace, rien de ce qui est ne doit rester debout.

Pour parvenir à ce but, deux puissants auxiliaires sont à ses ordres, l'orgueil et la volupté. Tour à tour il sait les faire agir. « Vous savez, écrit Magari, les efforts que nous faisons pour gagner les ouvriers. Les moyens les plus simples sont ceux qui réussissent le mieux. IL FAUT EXCITER LEUR SOIF DE JOUISSANCES, et leur peindre sous les couleurs les plus appropriées à leur ignorance la misère qui les ronge. Nos instituteurs primaires sont d'un bien puissant secours pour cette propagande; mais le clergé les

[1] Guillaume Marr.

combat et les démasque. Donc, guerre à mort au clergé, qui veut tuer notre poule aux œufs d'or [1]. »

Pour compléter la théorie, Péters ajoute que le socialiste en habits de drap ne doit pas craindre d'aller dans les cabarets; qu'il doit flatter le peuple : « La flatterie lui monte au cœur comme elle monte à la tête d'une coquette. Quand on tient vingt ou trente prolétaires sous sa main, il faut adopter le principe de Schüller, leur dire des choses qu'*ils ne comprennent pas* et qu'on leur explique *ad libitum*... Soyez sûr qu'alors vous les conduirez comme des enfants [2]. »

« Ne dis pas, écrit Stepp à Weitling, que le vol et la communauté des femmes sont choses licites. Tu effarouches un sentiment que les riches et les sots appellent la pudeur. C'EST CONNU ENTRE NOUS : il n'est pas besoin de le proclamer si haut. Ce qu'il faut prêcher, c'est le besoin de la vengeance contre l'ordre social, qui a si longtemps tenu nos têtes écrasées sous son pied de vipère. Pour monter ta lyre au diapason convenable, il te faudrait des flots de sang. *Un jour nous en ferons couler plus qu'il n'y a de gouttes d'eau dans ce lac* (le lac de Genève). Pourquoi se faire du vol une ressource légale, quand nous annonçons qu'il n'y aura plus ni *tien* ni *mien?* Pourquoi parler de la communauté des femmes, quand la PROMISCUITÉ

[1] Lettre au *Comité central*. — [2] Lettre à Kanschenplatt.

EST UN DEVOIR? Laisse donc aux pauvres d'esprit ces moyens vulgaires. Nos affaires avancent horriblement ici et ailleurs. Je te le dis en joie : le vieux monde est au plus bas; il craque, et c'est nous qui naissons à la nouvelle vie de Jérusalem [1]. »

Enfin, de même que les Rationalistes philosophes ont formé une association pour l'extirpation du christianisme, les Rationalistes socialistes en ont formé une pour l'extirpation de la société, de la propriété, de la famille. En voici quelques statuts, avec l'exposé des motifs rédigés par Struve, le chef de la révolution badoise; ils sont à la hauteur des extravagances sanguinaires de Heinzen.

« Il y a, dit Struve, SIX FLÉAUX de l'humanité : les ROIS, les NOBLES, les FONCTIONNAIRES, les ARISTOCRATES D'ARGENT, les PRÊTRES et les ARMÉES PERMANENTES. Ces six fléaux coûtent quatorze milliards. En se débarrassant de ces six fléaux, les peuples garderont en poche ces quatorze milliards. Pour cela, IL FAUT QUE L'EXTERMINATION S'ÉTENDE DU TAGE A L'OCÉAN, DE L'OCÉAN A LA MER NOIRE, et qu'elle soit assez complète pour anéantir non-seulement ces fléaux eux-mêmes, mais jusqu'aux éléments dont ils se composent. » Suivent les statuts de l'association démocratique, dont voici les deux premiers articles :

« ARTICLE PREMIER. Tous les membres des familles

[1] *Évangile du pauvre pécheur.*

des princes souverains sont bannis à perpétuité de l'Europe. S'ils y rentrent jamais, les adultes du sexe masculin seront mis à mort, les femmes et les mineurs seront enfermés le reste de leurs jours.

» Art. II. Le sol de l'Europe est parfaitement libre et sera soumis à un nouveau partage, de telle sorte que les biens de l'État, des communes, de l'Église et des corporations religieuses, ainsi que tous les biens appartenant aux princes, et aussi tout ce qu'un citoyen posséderait au delà de deux cents acres de terre, seront distribués aux citoyens qui ne possèdent rien [1]. »

Destruction complète de l'ordre religieux et de l'ordre social, tel est, dans la bouche de ses chefs et de ses organes les plus avancés, le dernier mot du Rationalisme philosophique et du Rationalisme socialiste. S'il n'est pas sur les lèvres de tous les adeptes, qui peut répondre qu'il ne repose pas au fond de leurs cœurs? Quelques monstrueuses qu'elles soient, ces conséquences du Rationalisme sont logiques. Par cela même qu'il est l'apothéose de l'homme, le Rationalisme est la haine à mort de tout ordre religieux et de tout ordre social que l'homme n'a pas fait ou dont il est mécontent.

Mais ces projets antichrétiens et antisociaux sont les rêves de cerveaux malades! Il est périlleux de

[1] *Alliance des peuples*, 1850.

s'endormir sur un pareil raisonnement, l'expérience le prouve. Il faut craindre des rêves qui, s'adressant à tous les instincts corrompus de l'humanité, ont pour auxiliaires assurés toutes les passions avides et brutales qui fermentent au cœur des masses populaires. Quoi qu'il en soit, et en admettant tout ensemble que l'homme est moins mauvais que ses principes ; que nous serons sauvés par l'*imprévu;* que la Providence, poussée à bout par les iniquités du monde, ne déchaînera jamais *la Jérusalem du prolétariat contre la Babylone de la bourgeoisie*, toujours est-il que l'Europe est aujourd'hui menacée par une armée de barbares divisée en deux grands corps, dont l'un attaque la religion et l'autre la société ; que ces deux corps partent du même point, obéissent au même mot d'ordre, marchent sous le même drapeau, et que ce point de départ, ce mot d'ordre, ce drapeau, c'est le Rationalisme; que le Rationalisme, né de la Renaissance, acclamé par elle, systématisé par elle, par elle devenu le roi des intelligences, n'est autre chose que le philosophisme de l'antiquité païenne, substitué à la philosophie chrétienne en religion, en politique, en littérature, en tout ce qui constitue la foi, le droit et le devoir.

Conclusion. En vain nous tonnerons du haut des chaires; en vain nous gémirons au coin du feu; en vain nous ferraillerons dans les journaux; en vain nous protesterons par d'éloquents écrits contre le Rationalisme qui envahit tout, et le Naturalisme et le Socialisme qui en découlent; loin de ralentir sa marche, le torrent de jour en jour étendra ses ravages, et, à moins d'un miracle sur lequel rien ne nous autorise à compter, nous allons à l'abîme : si nous continuons, comme on l'a fait depuis des siècles, à nourrir la jeunesse avec les écrits des Rationalistes de l'antiquité, Platon, Sénèque, Pline, Plutarque, César, Cicéron, Horace et les autres, qui étaient de beaux diseurs, sans doute, mais aussi de francs libres penseurs; et qui, de l'aveu même de Bayle, de Rousseau, de Voltaire, d'Helvétius, de Mably, de M. Cousin, de toute la famille des Rationalistes en Italie, en Allemagne, en Angleterre, en Espagne, en France, depuis la Renaissance jusqu'à nos jours, sont les pères du Rationalisme moderne.

FIN DU TOME HUITIÈME.

TABLE DES MATIÈRES.

AVANT-PROPOS 1

CHAPITRE PREMIER.

LE RATIONALISME EN LUI-MÊME.

Le Rationalisme, grand danger de notre époque. — Comme la Révolution dont il est l'âme, il est destruction et reconstruction. — Tableau. — Trois degrés dans l'erreur : l'hérésie, le scepticisme, le Rationalisme. — Définitions. — Le Rationalisme en lui-même. — Dans l'ordre religieux. — Dans l'ordre social. — Dans l'ordre philosophique. — Dans les faits. — Deux manifestations matérielles du Rationalisme : l'antiquité païenne et la Révolution française. 7

CHAPITRE II.

LE RATIONALISME ET LA RENAISSANCE.

Origine historique du Rationalisme : témoignages des protestants et des philosophes. — Thomasius. — Spizélius. — Bayle. — Voltaire. — Tous les Rationalistes. 17

CHAPITRE III.

LE RATIONALISME AVANT LA RENAISSANCE.

Vraie origine du Rationalisme. — Son règne dans l'antiquité. — Abolition de ce règne par l'Évangile. — Tentatives de Rationalisme au moyen âge. — Scot Érigène. — Abailard. — Amauri de Bène. — David de Dinant. — Raymond Lulle. — Aucun de ces philosophes ne fut un vrai Rationaliste. — Le moyen âge, l'antipode du Rationalisme. — Avant la Renaissance point de Rationalisme en Europe . . . 26

CHAPITRE IV.

CAUSES DES TENTATIVES DE RATIONALISME AVANT LA RENAISSANCE.

Contact de l'intelligence chrétienne avec l'antiquité païenne. — De là toutes les tentatives de Rationalisme. — Contact avec la Grèce sophistique et avec le mahométisme matérialiste. — Physique et Métaphysique d'Aristote apportées à Paris. — Sa philosophie proscrite par les Pères de l'Église de l'Orient et de l'Occident : Tertullien, saint Irénée, Origène, Lactance, Eusèbe, Hermias, saint Basile de Cappadoce, saint Grégoire de Nazianze, saint Épiphane, saint Ambroise, saint Chrysostome. 35

CHAPITRE V.

CAUSES DES TENTATIVES DE RATIONALISME AVANT LA RENAISSANCE.

Nouveaux témoignages des Pères contre Aristote : Saint Jérôme, saint Augustin, saint Cyrille d'Alexandrie, Énée de Gaza, Henri de Lyon, saint Bernard, le Concile de Paris en 1209. — Ouvrages d'Aristote condamnés au feu. — Ainsi première phase de la fortune d'Aristote, depuis le commencement de l'Église jusqu'au treizième siècle; interdiction de ses ouvrages. — Décret du cardinal de Courçon. — Seconde phase de la fortune d'Aristote. — Tolérance de sa dialectique. — Bulle de Grégoire IX. — Troisième phase de la fortune d'Aristote. — Autorisation d'enseigner sa Physique et sa Métaphysique après expurgation. — Résumé. 46

CHAPITRE VI.

CAUSE DES TENTATIVES DE RATIONALISME AVANT LA RENAISSANCE.

Importance de nos recherches. — Quatrième phase de la fortune d'Aristote : autorisation et même ordre d'enseigner à la jeunesse plusieurs de ses ouvrages, entre autres sa Métaphysique. — Résultat de cette concession. — Témoignage de Gerson et de Clémengis. — Cinquième phase de la fortune d'Aristote : ordre d'enseigner sa morale et la plupart de ses traités. — Nouveaux résultats de cette concession. — — Témoignage de Trithème et de l'archevêque de Rouen. — Occasion du Protestantisme. — Résumé : quatre faits principaux. . 60

CHAPITRE VII.

LE RATIONALISME DEPUIS LA RENAISSANCE. — ITALIE.

Il reparaît tel qu'il se montra dans les écoles de philosophie païenne dont il renouvelle dès le principe les plus graves erreurs. — Rationalisme politique. — Formulé par Machiavel. — Répandu partout. — Témoignages. — Rationalisme philosophique enseigné dès la Renaissance et par les Renaissants. — Témoignages : Spizélius, Pierre Mathieu. — Principaux Rationalistes italiens : Pomponace, Portius, Césalpin, Vernia, César de Crémone, Simon Simonius, Pierre Arétin, Nanno, Oréfo, Côme de Médicis, Machiavel, Pomponius Lætus, Calderino, Bruno. 70

CHAPITRE VIII.

LE RATIONALISME DEPUIS LA RENAISSANCE. — ITALIE.

Rationalisme dans les mœurs ou émancipation de la chair. — Ses ravages. — Le prince de Parme et sa cour. Niphus, Politien, Alexandre Piccolomini, Bembo, Béroald, Gregorio Leti, Bolzanio, Pogge. 82

CHAPITRE IX.

LE RATIONALISME DEPUIS LA RENAISSANCE. — ITALIE.

Pogge, type des lettrés de la Renaissance. — Son libertinage, conforme à celui de ses modèles classiques. — Ses *Facéties*. — Origine et nature de cet ouvrage. — Long tissu d'impiétés et d'obscénités. — Succès scandaleux qu'il obtient. — Traduit, imité, enrichi, première source du torrent d'immoralités qui souille l'Europe. — Pogge frondeur de l'Église. — Sa lettre à Léonard Arétin sur l'hérétique Jérôme de Prague. — Frondeur de toute autorité. — Provocateur de la Révolution. — Lettre de Magliabecchi sur les poëtes italiens de la Renaissance. — Jugement de Salvator Rosa. 89

CHAPITRE X.

LE RATIONALISME DEPUIS LA RENAISSANCE. — ITALIE.

A la suite de la politique, de la philosophie et de la poésie, les beaux-arts s'émancipent. — Ce que font les peintres, les graveurs, les statuaires devenus libres penseurs. — Ils chantent la chair avec toutes ses convoitises. — Critique vigoureuse de leurs ouvrages par Salvator Rosa. — Par Érasme. — Par Properce. — Abominations de l'art devenu païen. — Profanation des églises. — Offenses continuelles à la piété et à la pudeur. — Critique du *Jugement dernier* de Michel Ange. — La musique devenue païenne et sensualiste. — Ses funestes effets. — Profanation du culte chrétien. — Mêmes effets dans le reste de l'Europe. 101

CHAPITRE XI.

LE RATIONALISME DEPUIS LA RENAISSANCE. — ALLEMAGNE.

De l'Italie le Rationalisme passe en Allemagne. — Ravages qu'il y fait. — Témoignages de Cornelius a Lapide, de Lobkowitz. — Hutten, type des Rationalistes en Allemagne. — Importance de sa biographie. — Ses écrits : Triomphe de Capnion. — Lettres des *hommes noirs*. — Ses rapports avec les libres penseurs de France. — Sa *triade romaine*. — Les Rationalistes modernes demandent l'emploi de la force pour extirper le christianisme. — Ils ne sont que les échos de Hutten et d'autres libres penseurs de la Renaissance. 117

CHAPITRE XII.

LE RATIONALISME DEPUIS LA RENAISSANCE. — ANGLETERRE, ESPAGNE, BELGIQUE.

De l'Italie le Rationalisme passe en Angleterre. — Témoignages. — Ravages qu'il y fait. — Il prépare le Protestantisme. — Depuis la Renaissance il continue de régner dans ce pays. — M. Alloury. — Rationalisme en Espagne. — Témoignages. — En Belgique. — Témoignages. — En Pologne et dans le Nord. — Preuves. — Érasme, le type et l'apôtre du libre penser. — Ses ouvrages. — Leur influence. — Scandale de ses lettres. — Singulière justification des Renaissants. — Le Rationalisme, né de la Renaissance, toujours vivant en Belgique. — Son dernier mot. — Ce qu'il faut penser de l'éducation actuelle. 132

CHAPITRE XIII.

LE RATIONALISME DEPUIS LA RENAISSANCE. — FRANCE.

Rabelais continuateur de Pogge.—Montaigne libre penseur et épicurien dans ses écrits. — La Boétie. — Charron. — Budée. — Copp. — Rueil. — Lefebvre d'Étaples. — Lamothe-Levayer. — Bayle. — Bodin. — Descartes. 146

CHAPITRE XIV.

LE RATIONALISME DEPUIS LA RENAISSANCE. — FRANCE.

Desportes. — Régnier. — Amyot. — Malherbe. — Saint-Évremond. — Mot de madame de Maintenon. — La pléiade poétique. — Sacrifice du bouc. — Les artistes enseignent le libre penser. — Leurs œuvres. — Effet de l'enseignement littéraire et artistique du libre penser : athéisme dogmatique et athéisme pratique. — Grand nombre d'athées en France. — Témoignages. 160

CHAPITRE XV.

ORIGINE PHILOSOPHIQUE DU RATIONALISME MODERNE.

La Renaissance vraie mère du Rationalisme. — Les Rationalistes modernes tous élevés à l'école de l'antiquité païenne. — Tous admirateurs ardents de l'antiquité païenne. — Tous ont puisé leur philosophie à l'école de l'antiquité païenne. — Témoignages non suspects. — La philosophie païenne seule admirée, seule acclamée par les Renaissants. — L'Europe divisée en deux camps hostiles : le camp d'Aristote et le camp de Platon. — Enthousiasme incroyable pour Aristote. — Faits curieux 182

CHAPITRE XVI.

ORIGINE PHILOSOPHIQUE DU RATIONALISME MODERNE.

Enthousiasme pour Platon. — Témoignages. — Histoire de Marcile Ficin. — Il prépare à la mort Côme de Médicis en lui lisant Platon. — Il professe le platonisme à Florence. — Ses disciples. — Ficin adore Platon. — Il le loue partout. — Ses hyperboles. — Abus de l'Écriture sainte. — Il institue la fête de Platon. — Fonde une Académie de Platon. — Le platonisme prêché en Allemagne, en Angleterre, en Hongrie, à Rome. — Fr. Patrizi écrit au pape pour faire imposer partout l'enseignement de la philosophie de Platon. — Il prétend que c'est le moyen nécessaire pour convertir les pécheurs et ramener les hérétiques 208

CHAPITRE XVII.

ORIGINE PHILOSOPHIQUE DU RATIONALISME MODERNE.

Les pères du Rationalisme moderne, tous disciples des philosophes païens. — La philosophie païenne n'est pas autre chose que le Rationalisme en action. — Preuves. — Histoire des erreurs et des sectes de la philosophie païenne. — Ressemblance parfaite de la philosophie moderne avec la philosophie païenne. — Preuves. 223

CHAPITRE XVIII.

ORIGINE PHILOSOPHIQUE DU RATIONALISME MODERNE.

Stratagème des Rationalistes; ils cachent leur principe et leurs erreurs sous le masque de l'antiquité. — Témoignage décisif de Brucker et de M. Cousin. — Vanité de leurs protestations de respect pour l'autorité de l'Église. — Ils renouvellent toutes les erreurs et toutes les sectes philosophiques de l'antiquité. — Arrivent au même terme. — Dernière preuve de l'origine philosophique du Rationalisme moderne. — Le concile de Latran. — Analyse de la Bulle *Regiminis apostolici*. — Ce qu'elle nous apprend de l'état des esprits, et de l'enthousiasme pour la philosophie païenne. 233

CHAPITRE XIX.

DERNIER MOT DU RATIONALISME MODERNE.

Dans le passé, trois effets du Rationalisme : le Protestantisme, le Philosophisme du dix-huitième siècle, la Révolution française. — Menaces pour l'avenir. — Destruction de la religion : témoignages. — Association formée dans ce but. — Destruction de la Société : témoignages. — Association formée dans ce but. — Conclusion. 258

FIN DE LA TABLE DES MATIÈRES.

www.ingramcontent.com/pod-product-compliance
Ingram Content Group UK Ltd.
Pitfield, Milton Keynes, MK11 3LW, UK
UKHW020440200726
13857UKWH00002B/500